Smaki Tajlandii

Kulinarna Odyseja po Zapachach i Aromatach

Mateusz Kowalczyk

Treść

Wstęp 6
Sajgonki Z Krabem.. 8
Tajskie frytki 10
Smażone tofu z sosami 15
Tomek Yum.. 17
Zupa kurczakowo-cytrynowa... 19
    Tajska zupa z makaronem wołowym i przyprawionymi przyprawami 22
Schłodzona zupa z mango... 24
Sałatka z pieczonej wołowiny 26
Pikantna sałatka z krewetek 28
Słodko-kwaśna sałatka z ogórków 30
Sałatka Melonowa... 151
Gorąca i kwaśna wołowina 153
Pieczeń wołowa z miętą... 155
Wieprzowina z czosnkiem i czarnym pieprzem 157
Wołowina z cynamonem 159
Kurczak Z Imbirem... 161
Kurczak z bazylią.. 163
Kurczak z czarnym pieprzem i czosnkiem 165
Kurczak Kokosowo-Chili 167
Filety limonkowo-imbirowe... 169
Owoce morza są smażone 174

Przegrzebki bazyliowe 175
Wegetariańska smażona potrawa 176
Pieczony Kalafior 179
Okra smażona po tajsku 180
Pieczony groszek i kiełki fasoli 182
Pad Thai 184
Makaron na patelni 187
Makaron wegetariański z sezamem 189
Makaron z kwiatami limonki 191
Podstawowy lepki ryż 196
Dalekowschodni smażony ryż 198
Imbirowy Ryż 200
Mangowy głupek 205
Lody arbuzowe 207
Lekka tajska mrożona herbata 209
Azjatyckie paluszki marchewkowe 210
Guacamole w stylu tajskim 212
Sałatka z kurczakiem po tajsku 214

Wstęp

Harmonia to nazwa gry, jeśli chodzi o kuchnię tajską. Równowaga smaków słodkich, słonych, kwaśnych, gorzkich i ostrych jest niezbędna nie tylko w większości potraw, ale także w kontekście tajskiej kuchni. Kluczowe środki smakowe występujące w kuchni tajskiej to kokos, limonka, chili, czosnek, imbir, kolendra i suszona ryba (do przygotowania sosu rybnego). Te składniki są tak podstawowe jak sól i pieprz w zachodniej kuchni.

Wszystkie te potrawy pochodzą z kontynentu azjatyckiego, z jednym godnym uwagi wyjątkiem: ostrą papryką, którą Portugalczycy sprowadzili do Azji w XVI wieku po „odkryciu" jej w Nowym Świecie. Jest to prawdopodobnie jeden z najgłębszych wpływów na kuchnię tajską, ponieważ współczesnej kuchni tajskiej prawie nie da się sobie wyobrazić bez ostrości papryczek chili. Jednak Portugalczycy nie są jedynymi ludźmi, którzy znacząco wpłynęli na kuchnię tajską, jaką znamy dzisiaj. Chińczycy wprowadzili pojęcie smażenia,

Hindusi przywieźli curry, a Indonezyjczycy wprowadzili liczne przyprawy.

Obfitująca w ryby, warzywa, owoce i ryż, a uboga w mięso i nabiał, kuchnia tajska jest właśnie tym, co zalecił lekarz. Te produkty są bogate w karotenoidy, flawonoidy i witaminy przeciwutleniające, o których wiadomo, że zmniejszają ryzyko raka. W rzeczywistości Tajowie mają najniższą zapadalność na raka przewodu pokarmowego ze wszystkich narodów.

Zebraliśmy 50 najlepszych i najsmaczniejszych przepisów, które możesz wypróbować we własnej kuchni. Kto powiedział, że aby zjeść pyszny posiłek, trzeba jechać do Tajlandii lub nawet do tajskiej restauracji?

Sajgonki Z Krabem

Wyjdź z woka – jest stworzony do takich potraw! Rozważ dodanie kolejnej warstwy smaku, wrzucając do mieszanki funt mielonych i pokrojonych w kostkę krewetek.

Na 15 bułek

składniki

1 kg mięsa krabowego, obranego w celu usunięcia łusek i rozdrobnionego

1 łyżka majonezu

1/4– 1/2 łyżeczki startej skórki z cytryny

15 opakowań sajgonek lub jajek

2 żółtka, lekko ubite

Olej rzepakowy do głębokiego smażenia

15 małych, delikatnych liści sałaty bostońskiej

Liście mięty

Liście pietruszki

1. W małej misce wymieszaj mięso kraba z majonezem i skórką cytrynową.

2. Umieść 1 łyżkę mieszanki mięsa krabowego na środku opakowania sajgonki. Złóż jeden spiczasty koniec muszli nad mięsem kraba, a następnie złóż przeciwny punkt nad czubkiem złożonego punktu. Posmaruj odrobiną żółtka jaja na odsłoniętej skorupce, następnie złóż dolną część nad mięsem kraba i zwiń, aby utworzyć ciasne opakowanie; odłożyć na bok. Powtórz tę czynność z pozostałym mięsem krabowym i opakowaniami.

3. Rozgrzej olej do 365 stopni na patelni lub we frytownicy. Smaż po 3 do 4 bułek przez około 2 minuty, aż będą złociste; odsączyć na ręcznikach papierowych.

4. Przed podaniem zawiń każdą sajgonkę w folię z jednym kawałkiem sałaty i posypką mięty i pietruszki. Podawać z ulubionym sosem.

Tajskie frytki

Twój lokalny rynek azjatycki powinien zawierać takie składniki, jak korzeń taro i mąka z kleistego ryżu (inaczej mąka z kleistego ryżu lub mąka ze słodkiego ryżu). Ten ostatni jest również szeroko dostępny w Internecie.

Porcje 4-8

składniki

2 średniej wielkości słodkie ziemniaki

4 zielone plantany

1 kilogram korzenia taro

1 szklanka mąki ryżowej

1 szklanka mąki ryżowej kleistej

Woda

1 łyżeczka czarnego pieprzu

1 łyżeczka soli

2 łyżki cukru

3 łyżki czarnego sezamu

1 14-uncjowy worek rozdrobnionego słodzonego kokosa

1. Obierz warzywa korzeniowe i pokrój je w płaskie paski o grubości 1/3 cala, o długości około 3 cali i szerokości 1 cala.

2. W dużej misce wymieszaj mąkę i dodaj 1/2 szklanki wody. Kontynuuj dodawanie wody po 1/4 szklanki na raz, aż powstanie mieszanina przypominająca ciasto. Wymieszaj pozostałe składniki.

3. Napełnij średniej wielkości rondel olejem roślinnym w jednej trzeciej do połowy. Rozgrzej olej na dużym ogniu, aż będzie bardzo gorący, ale nie dymiący.

4. Do ciasta dodaj trochę warzyw, dobrze je przykryj. Za pomocą łyżki cedzakowej lub durszlaka azjatyckiego wrzucaj warzywa na gorący olej. (Uważaj, olej może rozpryskiwać się.) Smażyć warzywa, od czasu do czasu obracając, aż się zarumienią. Przełóż pieczone warzywa na stos papierowych ręczników, aby je odsączyły, a następnie natychmiast podawaj.

Smażone wontony

Kiedy lżejsze sajgonki nie będą wystarczające, wybierz te satysfakcjonujące wontony! Bądź kreatywny przy nadziewaniu; zamień wieprzowinę na kurczaka lub dodaj poszatkowaną kapustę w wersji wegetariańskiej.

Daje około 25 wontonów

składniki

1 ząbek czosnku, posiekany

2 łyżki posiekanej kolendry

1 łyżka sosu sojowego

1/2 szklanka posiekanych białych grzybów

Szczypta białego pieprzu

1/2 funt mielonej wieprzowiny

25 skórek wontonów

Olej roślinny do smażenia

1. W średniej wielkości misce dokładnie wymieszaj czosnek, kolendrę, sos sojowy, grzyby, biały pieprz i mieloną wieprzowinę.

2. Aby przygotować wontony, umieść około 1/2 łyżeczki nadzienia na środku muszli wonton. Złóż wonton od rogu do rogu, tworząc trójkąt. Dociśnij krawędzie do siebie, aby uszczelnić. Powtórzyć z pozostałą skórką i nadzieniem.

3. Dodaj około 2 do 3 cali oleju roślinnego do frytkownicy lub woka. Rozgrzej olej na średnim ogniu, aż osiągnie około 350 stopni. Ostrożnie dodawaj wontony, po dwa lub trzy na raz. Smażyć na złoty kolor, ciągle je obracając. Gotowe wontony odłóż do odcieku na papierowych ręcznikach.

4. Podawaj wontony z sosem słodko-kwaśnym lub wybranym przez Ciebie sosem.

Smażone tofu z sosami

Tofu ma różną konsystencję: jedwabistą, twardą i bardzo twardą. Aby uzyskać najlepsze i najzdrowsze rezultaty, wybierz wyjątkowo twarde tofu bez GMO, odcedź i wyciśnij pomiędzy czystymi ręcznikami papierowymi lub serwetkami, a następnie pokrój w kostkę i wrzuć do przygotowanego oleju.

2-4 porcje

składniki

1 opakowanie tofu pokrojonego w drobną kostkę
Olej roślinny do smażenia
Wybór sosów do maczania

1. Dodaj około 2 do 3 cali oleju roślinnego do frytkownicy lub woka. Rozgrzej olej na średnim ogniu, aż osiągnie około 350 stopni. Ostrożnie dodaj trochę kawałków tofu, uważając, aby ich nie stłoczyć; smaż na złoty kolor, ciągle obracając. Przenieś smażone tofu na ręczniki papierowe, aby odciekło po ugotowaniu każdej porcji.

2. Tofu podawaj z dowolnym sosem, np. słodko-kwaśnym, orzechowym lub miętowym.

Tomek Yum

Podstawa kuchni tajskiej, świeża i pachnąca trawa cytrynowa, sprzedawana jest w wiązkach po trzy do pięciu sztuk, o długości około stopy. Gotowe do użycia odmiany można również znaleźć w dziale zamrażarek na rynku azjatyckim.

Części 4-6

składniki

4-5 szklanek wody

3 szalotki, drobno posiekane

2 łodygi trawy cytrynowej, posiniaczone i pokrojone na 1-calowe segmenty

2 łyżki sosu rybnego

2 łyżki świeżego imbiru, posiekanego

20 krewetek średniej wielkości, obranych, ale z ogonami

1 puszka grzybów, odsączonych

2–3 łyżeczki pokrojonych w plasterki liści limonki kaffir lub skórki z limonki

3 łyżki soku z cytryny

2–3 tajskie papryczki chili, pozbawione nasion i posiekane

1. Do średniej wielkości garnka z zupą wlej wodę. Dodaj szalotkę, trawę cytrynową, sos rybny i imbir. Doprowadzić do wrzenia, zmniejszyć ogień i gotować przez 3 minuty.

2. Dodaj krewetki i grzyby i smaż, aż krewetki zmienią kolor na różowy. Wymieszaj skórkę z cytryny, sok z cytryny i ostrą paprykę.

3. Przykryj i zdejmij z ognia. Przed podaniem zupę należy parzyć przez 5 do 10 minut.

Zupa kurczakowo-cytrynowa

Zaledwie 40 minut przygotowania i gotowania pozwoli Ci odprężyć się i delektować tą lekko słodką, lekko pikantną zupą wypełnioną klasycznymi tajskimi składnikami.

Części 4-6

składniki

1/2 szklanka plasterków cytryny razem ze skórką

3 łyżki sosu rybnego

1/2 łyżeczki świeżego chilli, pozbawionego nasion i posiekanego

2 zielone cebule, pokrojone w cienkie plasterki

11/2 łyżeczki cukru

11/2 szklanki mleka kokosowego

2 szklanki zupy z kurczaka

3 łyżeczki trawy cytrynowej, oczyszczonej i posiekanej

1 szklanka grzybów słomianych

1 łyżka świeżego imbiru, posiekanego

1 cała pierś z kurczaka, bez kości i skóry, ugotowana i posiekana

1. Połącz ćwiartki cytryny, sos rybny, chilli, zieloną cebulę i cukier w małej szklanej misce; odłożyć na bok.

2. W rondlu wymieszaj mleko kokosowe, bulion z kurczaka, trawę cytrynową, grzyby i imbir. Doprowadzić do wrzenia, zmniejszyć ogień i gotować przez 20 do 25 minut. Dodaj mieszaninę kurczaka i cytryny; przegrzać.

3. Przed podaniem rozlać do podgrzanych misek.

Tajska zupa z makaronem wołowym i przyprawionymi przyprawami

Zapełniając spiżarnię przyprawami i tajskimi podstawowymi produktami, takimi jak sos rybny, sos chili, imbir i makaron ryżowy, będziesz w stanie ugotować taką elegancką zupę, gdy tylko zostaną Ci w lodówce resztki wołowiny.

Części 4-6

składniki

8 szklanek zupy wołowej

1 cały anyż gwiazdkowaty, zmiażdżony

1 laska cynamonu (2 cale).

2 (1/4 cala) kawałki obranego korzenia imbiru

8 uncji makaronu ryżowego namoczonego w gorącej wodzie przez 10 minut, odcedzonego i opłukanego w zimnej wodzie

1 łodyga trawy cytrynowej, usuń twarde zewnętrzne liście, zmiażdż i posiekaj rdzeń

3/4 szklanka resztek pieczonej wołowiny, posiekanej lub rozdrobnionej

¼ szklanka sosu rybnego

1 łyżka przygotowanego sosu chili-czosnkowego

2 1/2 łyżki soku z cytryny

3–4 łyżeczki (lub do smaku) soli

Świeżo zmielony czarny pieprz do smaku

1. W średnim rondlu gotuj bulion wołowy, anyż gwiazdkowaty, laskę cynamonu i imbir na małym ogniu przez 30 do 40 minut.

2. Odcedź bulion i wróć do rondla.

3. Dodać makaron, trawę cytrynową, mieloną wołowinę, sos rybny, sos chili i czosnek. Doprowadzić zupę do wrzenia na średnim ogniu. Zmniejsz ogień i gotuj przez 5 minut. Wymieszaj sok z cytryny, sól i pieprz.

Schłodzona zupa z mango

Aby jeszcze bardziej zmniejszyć słodycz i ożywić tę pikantną zupę, pomiń cukier i zamiast tego dodaj odrobinę płatków czerwonej papryki.

2-4 porcje

składniki

2 duże mango, obrane, wypestkowane i posiekane

1 1/2 szklanki zimnej zupy z kurczaka lub jarzynowej

1 szklanka jogurtu naturalnego

1 łyżeczka cukru (opcjonalnie)

1 łyżka wytrawnego sherry

Sól i biały pieprz do smaku

1. Wszystkie składniki umieść w blenderze lub robocie kuchennym i zmiksuj na gładką masę. Dostosuj przyprawy.

2. Zupę tę można podać natychmiast lub przechowywać w lodówce do czasu, aż będzie potrzebna. Jeśli przechowujesz zupę w lodówce, przed podaniem

pozostaw ją w temperaturze pokojowej na około 10 minut, aby usunąć część chłodu.

Sałatka z pieczonej wołowiny

Podawać jako pożywną sałatkę przystawkową lub zmniejszyć wielkość porcji i podawać jako pikantne pierwsze danie. Tak czy inaczej, będziesz chciał zrobić dodatkowy dressing, aby mieć go pod ręką!

2-4 porcje

składniki

Jako sos:

¼ szklanka liści bazylii

2 łyżki posiekanej papryki serrano

2 ząbki czosnku

2 łyżki brązowego cukru

2 łyżki sosu rybnego

¼ łyżeczka czarnego pieprzu

¼ szklanka soku z cytryny

Na sałatkę:

1 kilogram steku wołowego

Sól i pieprz do smaku

1 łodyga trawy cytrynowej, zewnętrzne liście są usunięte i wyrzucone, wewnętrzna łodyga drobno posiekana

1 mała czerwona cebula, drobno posiekana

1 mały ogórek, drobno pokrojony

1 pomidor, pokrojony w cienkie plasterki

1/2 filiżanka liści mięty

Liście sałaty rzymskiej lub Bibb

1. Połącz wszystkie składniki sosu w blenderze i miksuj, aż zostaną dobrze połączone; odłożyć na bok.

2. Doprawić stek solą i pieprzem. Na dużym ogniu grilluj na średnio wysmażony (lub według własnych upodobań). Przełóż stek na talerz, przykryj folią i odstaw na 5–10 minut przed pokrojeniem.

3. Wołowinę pokroić w poprzek włókien na cienkie plasterki.

4. Do dużej miski włóż plastry wołowiny, soki z talerza i resztę składników sałatki oprócz sałaty. Dodaj dressing i wymieszaj.

5. Przed podaniem połóż liście sałaty na osobnych talerzach, a na wierzchu połóż mieszankę wołową.

Pikantna sałatka z krewetek

W tej niezapomnianej sałatce ciepło sosu chili igra ze świeżymi smakami limonki i mięty. A najlepsze jest to, że łączy się to w mgnieniu oka.

2-4 porcje

składniki

Jako sos:

3 łyżki cukru

4 łyżki sosu rybnego

1/3 szklanka soku z cytryny

2 łyżki przygotowanego sosu chili

Na sałatkę:

3/4 funt gotowanych krewetek

1/4 szklanka posiekanej mięty

1 mała czerwona cebula, pokrojona w cienkie plasterki

2 zielone cebule, przycięte i pokrojone w cienkie plasterki

2 ogórki, obrane i pokrojone w cienkie plasterki

Liście sałaty Bibb

1. W małej misce połącz wszystkie składniki dressingu. Mieszaj, aż cukier całkowicie się rozpuści.

2. W dużej misce wymieszaj wszystkie składniki sałatki oprócz sałaty. Polać dressingiem i wymieszać.

3. Przed podaniem połóż liście sałaty na osobnych talerzach. Połóż trochę sałatki z krewetek na liściach. Natychmiast podawaj.

Słodko-kwaśna sałatka z ogórków

Ten przepis na lizanie warg to tak naprawdę szybka marynata; aby zintensyfikować smaki, zostaw je w lodówce jeszcze dłużej!

2-4 porcje

składniki

5 łyżek cukru

1 łyżeczka soli

1 szklanka wrzącej wody

½ filiżanka ryżu lub białego octu

2 średnie ogórki, pozbawione nasion i pokrojone w plasterki

1 mała czerwona cebula, pokrojona w plasterki

2 tajskie papryczki chili, pozbawione nasion i posiekane

1. W małej misce wymieszaj cukier, sól i wrzącą wodę. Mieszaj, aby dobrze rozpuścić cukier i sól. Dodaj ocet i poczekaj, aż winegret ostygnie do temperatury pokojowej.

2. W średniej wielkości misce umieść ogórki, plasterki cebuli i chilli. Sosem polej warzywa. Przykryć i

marynować w lodówce przynajmniej do momentu wystygnięcia, a najlepiej na całą noc.

Uchowiec marynowany

Nosisz 4

Uchowce z puszki o wadze 450 g/1 funt

45 ml/3 łyżki sosu sojowego

30 ml/2 łyżki octu winnego

5 ml/1 łyżeczka cukru

kilka kropli oleju sezamowego

Uchowca odcedź i pokrój w cienkie plasterki lub paski. Pozostałe składniki wymieszać, posypać uchowcem i dobrze wymieszać. Przykryj i przechowuj w lodówce przez 1 godzinę.

Duszone pędy bambusa

Nosisz 4

60 ml/4 łyżki oleju arachidowego (orzeszki ziemne).

225 g pędów bambusa pokrojonych w paski

60 ml/4 łyżki bulionu z kurczaka

15 ml/1 łyżka sosu sojowego

5 ml/1 łyżeczka cukru

5ml/1 łyżeczka wina ryżowego lub wytrawnego sherry

Rozgrzej olej i smaż pędy bambusa przez 3 minuty. Wymieszaj bulion, sos sojowy, cukier i wino lub sherry i dodaj na patelnię. Przykryj i gotuj na wolnym ogniu przez 20 minut. Pozostawić do ostygnięcia i schłodzić przed podaniem.

Kurczak Z Ogórkami

Nosisz 4

1 ogórek, obrany i wypestkowany

225 g gotowanego kurczaka, podzielonego na kawałki

5 ml/1 łyżeczka musztardy w proszku

2,5 ml/¬Ω łyżeczki soli

30 ml/2 łyżki octu winnego

Ogórka pokroić w paski i ułożyć na płaskim talerzu. Na wierzchu ułóż kurczaka. Wymieszaj musztardę, sól i ocet winny i polej kurczaka tuż przed podaniem.

Kurczak Zuzanna

Nosisz 4

350 g gotowanego kurczaka

120 ml/4 uncji/½ szklanki wody

5 ml/1 łyżeczka musztardy w proszku

15 ml/1 łyżka nasion sezamu

2,5 ml/½ łyżeczki soli

cukier puder

45 ml/3 łyżki świeżej, posiekanej kolendry

5 dymek (cebul), posiekanych

½ sałata, posiekana

Kurczaka pokroić na drobne kawałki. Zmieszaj tyle wody z musztardą, aby uzyskać gładką pastę i wymieszaj ją z kurczakiem. Na suchej patelni prażymy nasiona sezamu, aż będą lekko złociste, następnie dodajemy je do kurczaka i posypujemy solą i cukrem. Dodać połowę natki pietruszki i szczypiorku i dobrze wymieszać. Ułóż sałatę na talerzu, posyp mieszanką kurczaka i udekoruj pozostałą natką pietruszki.

Liczi z imbirem

Nosisz 4

1 duży arbuz, przekrojony na pół i pozbawiony nasion

450 g/1 funt liczi z puszki, odsączonych

5 cm/2 łodygi imbiru, pokrojonej w plasterki

kilka listków mięty

Napełnij połówki melona liczi i imbirem, udekoruj listkami mięty. Schłodzić przed podaniem.

Skrzydełka z kurczaka gotowane na czerwono

Nosisz 4

8 skrzydełek z kurczaka

2 cebule dymki (cebule), posiekane

75 ml/5 łyżek sosu sojowego

120 ml/4 uncji/¬Ω szklanki wody

30 ml/2 łyżki brązowego cukru

Odetnij i wyrzuć końcówki skrzydełek z kością i przekrój je na pół. Włóż do rondelka z pozostałymi składnikami, zagotuj, przykryj i gotuj przez 30 minut. Zdejmij pokrywkę i kontynuuj gotowanie przez kolejne 15 minut, często polewając. Pozostawić do ostygnięcia, następnie schłodzić przed podaniem.

Mięso kraba z ogórkiem

Nosisz 4

100 g mięsa krabowego w płatkach

2 ogórki, obrane i posiekane

1 plasterek korzenia imbiru, posiekany

15 ml/1 łyżka sosu sojowego

30 ml/2 łyżki octu winnego

5 ml/1 łyżeczka cukru

kilka kropli oleju sezamowego

Umieść mięso kraba i ogórek w misce. Wymieszaj pozostałe składniki, polej mieszaniną mięsa krabowego i dobrze wymieszaj. Przykryj i wstaw do lodówki na 30 minut przed podaniem.

Grzyby marynowane

Nosisz 4

225 g pieczarek

30 ml/2 łyżki sosu sojowego

15 ml/1 łyżka wina ryżowego lub wytrawnego sherry

szczypta soli

kilka kropli sosu tabasco

kilka kropli oleju sezamowego

Grzyby blanszować we wrzącej wodzie przez 2 minuty, następnie odcedzić i osuszyć. Umieścić w misce i zalać pozostałymi składnikami. Dobrze wymieszać i schłodzić przed podaniem.

Pieczarki z marynowanym czosnkiem

Nosisz 4

225 g pieczarek

3 ząbki czosnku, posiekane

30 ml/2 łyżki sosu sojowego

30 ml/2 łyżki wina ryżowego lub wytrawnego sherry

15 ml/1 łyżka oleju sezamowego

szczypta soli

Pieczarki i czosnek włóż do durszlaka, zalej wrzącą wodą i odstaw na 3 minuty. Odcedzić i dobrze wysuszyć. Pozostałe składniki wymieszać, zalać marynatą grzyby i pozostawić do marynowania na 1 godzinę.

Krewetki i Kalafior

Nosisz 4

225 g różyczek kalafiora

100 g krewetek w skorupkach

15 ml/1 łyżka sosu sojowego

5 ml/1 łyżeczka oleju sezamowego

Częściowo ugotuj kalafior przez około 5 minut, aż będzie miękki, ale nadal chrupiący. Wymieszaj z krewetkami, posyp sosem sojowym i olejem sezamowym, wymieszaj. Schłodzić przed podaniem.

Paluszki z szynką sezamową

Nosisz 4

225 g szynki pokrojonej w plasterki

10 ml/2 łyżeczki sosu sojowego

2,5 ml/¬Ω łyżeczki oleju sezamowego

Ułóż szynkę na talerzu do serwowania. Wymieszaj sos sojowy i olej sezamowy, posyp szynkę i podawaj.

Zimne tofu

Nosisz 4

450 g/1 funt tofu, pokrojonego w plasterki

45 ml/3 łyżki sosu sojowego

45 ml/3 łyżki oleju arachidowego.

świeżo zmielony pieprz

Tofu układaj po kilka plasterków na sicie i zanurzaj we wrzącej wodzie na 40 sekund, następnie odcedź i ułóż na półmisku. Pozostaw do ostygnięcia. Wymieszaj sos sojowy z oliwą, posyp tofu i podawaj posypane pieprzem.

Kurczak Z Boczkiem

Nosisz 4

225 g kurczaka pokrojonego w bardzo cienkie plasterki

75 ml/5 łyżek sosu sojowego

15 ml/1 łyżka wina ryżowego lub wytrawnego sherry

1 ząbek czosnku, zmiażdżony

15 ml/1 łyżka brązowego cukru

5 ml/1 łyżeczka soli

5 ml/1 łyżeczka posiekanego korzenia imbiru

225 g chudego boczku pokrojonego w kostkę

100 g kasztanów wodnych, pokrojonych w bardzo cienkie plasterki

30 ml/2 łyżki miodu

Umieść kurczaka w misce. 45ml/3 łyżki sosu sojowego wymieszaj z winem lub sherry, czosnkiem, cukrem, solą i imbirem, polej kurczaka i marynuj przez około 3 godziny. Na patyczki do szaszłyków kebabowych nakładamy kurczaka, bekon i kasztany. Pozostały sos sojowy wymieszaj z miodem i posmaruj kebaby. Podsmażaj (piecz) na rozgrzanym grillu przez około 10 minut, aż będzie ugotowane, często obracając i polewając większą ilością glazury podczas gotowania.

Smażony kurczak i banany

Nosisz 4

2 gotowane piersi z kurczaka

2 twarde banany

6 kromek chleba

4 jajka

120 ml/4 uncji/¬Ω szklanki mleka

50 g/2 uncje/¬Ω szklanki zwykłej (uniwersalnej) mąki.

225 g/8 uncji/4 filiżanek świeżej bułki tartej

olej do smażenia

Kurczaka pokroić na 24 kawałki. Banany obrać i pokroić wzdłuż na ćwiartki. Każdą ćwiartkę przekrój na trzy części, aby uzyskać 24 kawałki. Odetnij skórkę z chleba i pokrój go na ćwiartki. Jajka roztrzepać z mlekiem i posmarować jedną stronę chleba. Połóż kawałek kurczaka i kawałek banana na posmarowanej jajkiem stronie każdego kawałka chleba. Kwadraty lekko oprósz mąką, następnie zanurz je w jajku i obsyp bułką tartą. Ponownie zanurzamy w jajku i bułce tartej. Rozgrzej olej i smaż po kilka kwadratów na raz, aż uzyskasz złoty kolor. Przed podaniem odsączyć na papierze kuchennym.

Kurczak z imbirem i grzybami

Nosisz 4

225 g filetów z piersi kurczaka

5 ml/1 łyżeczka proszku pięć przypraw

15 ml/1 łyżka mąki zwykłej (uniwersalnej).

120 ml/4 uncji/¬Ω szklanki oleju arachidowego (orzeszków ziemnych).

4 szalotki, przekrojone na pół

1 ząbek czosnku, pokrojony w plasterki

1 plasterek korzenia imbiru, posiekany

25 g/1 uncja/¬ filiżanka orzechów nerkowca

5 ml/1 łyżeczka miodu

15 ml/1 łyżka mąki ryżowej

75 ml/5 łyżek wina ryżowego lub wytrawnego sherry

100 g grzybów pokrojonych w ćwiartki

2,5 ml/½ łyżeczki kurkumy

6 żółtych chilli przekrojonych na pół

5 ml/1 łyżeczka sosu sojowego

½ sok z limonki

sól i pieprz

4 chrupiące liście sałaty

Pierś kurczaka pokroić ukośnie w poprzek włókien w cienkie paski. Posypać proszkiem pięciu przypraw i lekko oprószyć mąką. Rozgrzej 15 ml/1 łyżkę oleju i smaż kurczaka, aż się zrumieni. Zdjąć z patelni. Rozgrzej odrobinę oleju i smaż szalotkę, czosnek, imbir i orzechy nerkowca przez 1 minutę. Dodaj miód i mieszaj, aż warzywa pokryją się nim. Posypać mąką, następnie wymieszać z winem lub sherry. Dodaj grzyby, kurkumę i chili i smaż przez 1 minutę. Dodać kurczaka, sos sojowy, połowę soku z cytryny, sól i pieprz, podgrzać. Zdjąć z patelni i trzymać w cieple. Rozgrzewamy odrobinę oleju, dodajemy liście sałaty i szybko smażymy, doprawiając solą, pieprzem i pozostałym sokiem z cytryny. Ułóż liście sałaty na podgrzanym naczyniu, posyp mięsem i warzywami i podawaj.

Kurczak i szynka

Nosisz 4

225 g kurczaka pokrojonego w bardzo cienkie plasterki

75 ml/5 łyżek sosu sojowego

15 ml/1 łyżka wina ryżowego lub wytrawnego sherry

15 ml/1 łyżka brązowego cukru

5 ml/1 łyżeczka posiekanego korzenia imbiru

1 ząbek czosnku, zmiażdżony

225 g gotowanej szynki pokrojonej w kostkę

30 ml/2 łyżki miodu

Do miski włóż kurczaka, dodaj 45 ml/3 łyżki sosu sojowego, wino lub sherry, cukier, imbir i czosnek. Pozwól mu marynować przez 3 godziny. Na patyczki do szaszłyków kebabowych nałóż kurczaka i szynkę. Pozostały sos sojowy wymieszaj z miodem i posmaruj kebaby. Podpiekaj (piecz) na rozgrzanym grillu przez około 10 minut, często obracając i polewając glazurą podczas gotowania.

Grillowane wątróbki z kurczaka

Nosisz 4

450 g/1 funt wątróbki drobiowej

45 ml/3 łyżki sosu sojowego

15 ml/1 łyżka wina ryżowego lub wytrawnego sherry

15 ml/1 łyżka brązowego cukru

5 ml/1 łyżeczka soli

5 ml/1 łyżeczka posiekanego korzenia imbiru

1 ząbek czosnku, zmiażdżony

Wątróbki drobiowe gotuj we wrzącej wodzie przez 2 minuty, następnie dobrze odsącz. Włóż do miski ze wszystkimi pozostałymi składnikami oprócz oleju i pozostaw do marynowania na około 3 godziny. Na patyczki do szaszłyków kebabowych nakładamy wątróbki drobiowe i grillujemy (grillujemy) na rozgrzanym grillu przez około 8 minut, aż się zarumienią.

Kulki krabowe z kasztanami wodnymi

Nosisz 4

450 g/1 funt mięsa kraba, mielonego

100 g posiekanych kasztanów wodnych

1 ząbek czosnku, zmiażdżony

1 cm/¬Ω w plasterkach korzenia imbiru, posiekanego

45 ml/3 łyżki mąki kukurydzianej (skrobi kukurydzianej)

30 ml/2 łyżki sosu sojowego

15 ml/1 łyżka wina ryżowego lub wytrawnego sherry

5 ml/1 łyżeczka soli

5 ml/1 łyżeczka cukru

3 jajka, ubite

olej do smażenia

Wymieszaj wszystkie składniki oprócz oleju i uformuj małe kulki. Rozgrzej olej i smaż kulki kraba na złoty kolor. Dobrze odcedź przed podaniem.

Dim sum

Nosisz 4

100 g krewetek w skorupkach, pokrojonych w kostkę

225 g chudej wieprzowiny, drobno posiekanej

50 g kapusty pekińskiej, drobno posiekanej

3 cebule dymki (cebule), posiekane

1 jajko, ubite

30 ml/2 łyżki mąki kukurydzianej (skrobi kukurydzianej)

10 ml/2 łyżeczki sosu sojowego

5 ml/1 łyżeczka oleju sezamowego

5 ml/1 łyżeczka sosu ostrygowego

24 skórki wontonów

olej do smażenia

Wymieszaj krewetki, wieprzowinę, kapustę i dymkę. Wymieszaj jajko, mąkę kukurydzianą, sos sojowy, olej sezamowy i sos ostrygowy. Umieść łyżki mieszanki na środku każdej muszli wonton. Delikatnie dociśnij owijki wokół nadzienia, dociskając brzegi do siebie, ale górną część zostawiając otwartą. Rozgrzej olej i smaż po trochu dim sumy, aż uzyskają złoty kolor. Dobrze odcedź i podawaj na gorąco.

Roladki z szynką i kurczakiem

Nosisz 4

2 piersi z kurczaka

1 ząbek czosnku, zmiażdżony

2,5 ml/¬Ω łyżeczki soli

2,5 ml/¬Ω łyżeczka proszku pięciu przypraw

4 plasterki gotowanej szynki

1 jajko, ubite

30ml/2 łyżki mleka

25 g/1 uncja/¬° szklanki zwykłej (uniwersalnej) mąki.

4 skorupki bułek jajecznych

olej do smażenia

Pierś z kurczaka przekrój na pół. Ubijaj je, aż będą bardzo cienkie. Wymieszaj czosnek, sól i proszek pięciu smaków i posyp kurczaka. Na każdym kawałku kurczaka połóż plasterek szynki i mocno zwiń. Wymieszaj jajko i mleko. Kawałki kurczaka lekko obtocz w mące, a następnie zanurz w mieszance jajecznej. Każdy kawałek ułożyć na bułce jajecznej i posmarować brzegi roztrzepanym jajkiem. Złóż boki, a następnie zwiń razem, ściskając krawędzie, aby je złączyć. Rozgrzewamy olej i smażymy bułeczki około 5 minut na złoty kolor

zrumienić i gotować. Odsącz na papierze kuchennym, a następnie pokrój w grube ukośne plastry i podawaj.

Pieczone kotlety z szynki

Nosisz 4

350 g/12 uncji/3 filiżanek zwykłej (uniwersalnej) mąki.

175 g/6 uncji/szklanka masła

120 ml/4 uncji/¬Ω szklanki wody

225 g szynki, posiekanej

100 g posiekanych pędów bambusa

2 cebule dymki (cebule), posiekane

15 ml/1 łyżka sosu sojowego

30 ml/2 łyżki nasion sezamu

Do miski wsyp mąkę i wetrzyj w nią masło. Wymieszać z wodą i wyrobić ciasto. Ciasto rozwałkować i pokroić w krążki o średnicy 5 cm/2. Wymieszaj wszystkie pozostałe składniki oprócz nasion sezamu i nałóż łyżkę na każde kółko. Brzegi ciasta posmarować wodą i skleić. Z zewnątrz posmaruj wodą i posyp sezamem. Piec w piekarniku nagrzanym do 180-°C/350-°F/gaz, stopień 4, przez 30 minut.

Pseudo wędzona ryba

Nosisz 4

1 okoń morski

3 plasterki korzenia imbiru, pokrojone w plasterki

1 ząbek czosnku, zmiażdżony

1 cebula dymka (cebula), grubo posiekana

75 ml/5 łyżek sosu sojowego

30 ml/2 łyżki wina ryżowego lub wytrawnego sherry

2,5 ml/¬Ω łyżeczki mielonego anyżu

2,5 ml/¬Ω łyżeczki oleju sezamowego

10 ml/2 łyżeczki cukru

120 ml/4 uncji/¬Ω bulionu na filiżankę

olej do smażenia

5 ml/1 łyżeczka mąki kukurydzianej (skrobi kukurydzianej)

Rybę obierz i pokrój w plastry o grubości 5 mm (~° cala) wzdłuż włókien. Wymieszaj imbir, czosnek, dymkę, 60 ml/4 łyżki sosu sojowego, sherry, anyż i olej sezamowy. Polać rybę i delikatnie wymieszać. Pozostawiamy na 2 godziny, od czasu do czasu obracając.

Odcedź marynatę na patelnię i osusz rybę na papierze kuchennym. Dodać cukier, bulion i resztę sosu sojowego

marynatę, doprowadzić do wrzenia i gotować przez 1 minutę. Jeśli sos wymaga zagęszczenia, mąkę kukurydzianą zmieszaj z odrobiną zimnej wody, wmieszaj do sosu i gotuj, mieszając, aż sos zgęstnieje.

W międzyczasie rozgrzej olej i smaż rybę na złoty kolor. Dobrze odcedź. Zanurz kawałki ryby w marynacie, a następnie ułóż je na ogrzanym talerzu. Podawać na gorąco lub na zimno.

Wypchane grzyby

Nosisz 4

12 dużych czapek suszonych grzybów

225 g mięsa krabowego

3 posiekane kasztany wodne

2 cebule dymki (cebule), drobno posiekane

1 białko jaja

15 ml/1 łyżka mąki kukurydzianej (skrobi kukurydzianej)

15 ml/1 łyżka sosu sojowego

15 ml/1 łyżka wina ryżowego lub wytrawnego sherry

Grzyby namoczyć na noc w ciepłej wodzie. Wyciśnij do sucha. Pozostałe składniki wymieszać i wypełnić nimi kapelusze grzybów. Ułożyć na naczyniu do gotowania na parze i gotować 40 minut. Podaje się na gorąco.

Grzyby z sosem ostrygowym

Nosisz 4

10 suszonych grzybów chińskich

250 ml/8 uncji/1 szklanka bulionu wołowego

15 ml/1 łyżka mąki kukurydzianej (skrobi kukurydzianej)

30 ml/2 łyżki sosu ostrygowego

5ml/1 łyżeczka wina ryżowego lub wytrawnego sherry

Grzyby namoczyć w ciepłej wodzie przez 30 minut, następnie odcedzić, zachowując 250 ml/8 uncji/1 szklankę płynu z moczenia. Odrzuć łodygi. Zmieszaj 60 ml/4 łyżki bulionu wołowego z mąką kukurydzianą na pastę. Pozostały bulion wołowy z grzybami i płynem grzybowym zagotuj, przykryj i gotuj na wolnym ogniu przez 20 minut. Wyjmij grzyby z płynu łyżką cedzakową i ułóż na ciepłym talerzu. Dodaj sos ostrygowy i sherry na patelnię i smaż, mieszając, przez 2 minuty. Dodajemy pastę kukurydzianą i gotujemy, mieszając, aż sos zgęstnieje. Polać grzybami i natychmiast podawać.

Roladki wieprzowe i sałata

Nosisz 4

4 suszone grzyby chińskie

15 ml/1 łyżka oleju arachidowego (orzeszki ziemne).

225 g chudej wieprzowiny mielonej

100 g posiekanych pędów bambusa

100 g posiekanych kasztanów wodnych

4 dymki (cebule), posiekane

175 g mięsa krabowego w płatkach

30 ml/2 łyżki wina ryżowego lub wytrawnego sherry

15 ml/1 łyżka sosu sojowego

10 ml/2 łyżeczki sosu ostrygowego

10 ml/2 łyżeczki oleju sezamowego

9 chińskich liści

Grzyby namoczyć w ciepłej wodzie przez 30 minut, następnie odcedzić. Odrzuć łodygi i odetnij kapelusze. Rozgrzej olej i smaż wieprzowinę przez 5 minut. Dodaj grzyby, pędy bambusa, kasztany wodne, szczypiorek i mięso kraba i smaż przez 2 minuty. Wymieszaj wino lub sherry, sos sojowy, sos ostrygowy i olej sezamowy i wmieszaj na patelnię. Zdjąć z ognia. W międzyczasie gotuj liście chińskie we wrzącej wodzie przez 1 minutę

przeciek Połóż łyżki mieszanki wieprzowej na środku każdego liścia, złóż boki, a następnie zwiń i podawaj.

Pulpety wieprzowe i kasztany

Nosisz 4

450 g/1 funt mielonej wieprzowiny.

50 g grzybów, drobno posiekanych

50 g kasztanów wodnych, drobno posiekanych

1 ząbek czosnku, zmiażdżony

1 jajko, ubite

30 ml/2 łyżki sosu sojowego

15 ml/1 łyżka wina ryżowego lub wytrawnego sherry

5 ml/1 łyżeczka posiekanego korzenia imbiru

5 ml/1 łyżeczka cukru

sól

30 ml/2 łyżki mąki kukurydzianej (skrobi kukurydzianej)

olej do smażenia

Wymieszaj wszystkie składniki oprócz mąki kukurydzianej i uformuj małe kulki. Obtocz w mące kukurydzianej.

Rozgrzej olej i smaż klopsiki przez około 10 minut, aż uzyskają złoty kolor. Dobrze odcedź przed podaniem.

Pierogi wieprzowe

Część 4-6

450 g/1 funt mąki zwykłej (uniwersalnej).

500 ml/17 uncji uncji/2 szklanki wody

450 g/1 funt gotowanej wieprzowiny, mielonej

225 g krewetek w skorupkach, pokrojonych w kostkę

4 łodygi selera, posiekane

15 ml/1 łyżka sosu sojowego

15 ml/1 łyżka wina ryżowego lub wytrawnego sherry

15 ml/1 łyżka oleju sezamowego

5 ml/1 łyżeczka soli

2 cebule dymki (cebule), drobno posiekane

2 ząbki czosnku, posiekane

1 plasterek korzenia imbiru, posiekany

Mąkę i wodę wymieszać na miękkie ciasto i dobrze zagnieść. Przykryj i odstaw na 10 minut. Rozwałkuj ciasto tak cienko, jak to możliwe i pokrój w koła o średnicy 5 cm/2.

Wymieszaj wszystkie pozostałe składniki. Na każde kółko nakładamy po łyżce masy, zwilżamy brzegi i zlepiamy półkolem. Zagotuj wodę w garnku i delikatnie włóż do niej kluski.

Rissole wieprzowe i cielęce

Nosisz 4

100 g mielonej (mielonej) wieprzowiny.

100 g mielonej (mielonej) cielęciny.

1 plasterek boczku, posiekany (mielony)

15 ml/1 łyżka sosu sojowego

sól i pieprz

1 jajko, ubite

30 ml/2 łyżki mąki kukurydzianej (skrobi kukurydzianej)

olej do smażenia

Mięso mielone wymieszać z boczkiem, doprawić solą i pieprzem. Łączy się je z jajkiem, formuje kulki wielkości orzecha włoskiego i posypuje mąką kukurydzianą. Rozgrzej olej i smaż na złoty kolor. Dobrze odcedź przed podaniem.

Krewetki motylkowe

Nosisz 4

450 g/1 funt obranych dużych krewetek

15 ml/1 łyżka sosu sojowego

5ml/1 łyżeczka wina ryżowego lub wytrawnego sherry

5 ml/1 łyżeczka posiekanego korzenia imbiru

2,5 ml/¬Ω łyżeczki soli

2 jajka, ubite

30 ml/2 łyżki mąki kukurydzianej (skrobi kukurydzianej)

15 ml/1 łyżka mąki zwykłej (uniwersalnej).

olej do smażenia

Krewetki przekrój na pół z tyłu i rozłóż, tworząc kształt motyla. Dodaj sos sojowy, wino lub sherry, imbir i sól. Polać krewetkami i pozostawić do marynowania na 30 minut. Wyjąć z marynaty i osuszyć. Jajka ubić z mąką kukurydzianą i mąką na ciasto, następnie zanurzyć w cieście krewetki. Rozgrzej olej i smaż krewetki na złoty kolor. Dobrze odcedź przed podaniem.

Chińskie krewetki

Nosisz 4

450 g/1 funt nieobranych krewetek

30 ml/2 łyżki sosu Worcestershire

15 ml/1 łyżka sosu sojowego

15 ml/1 łyżka wina ryżowego lub wytrawnego sherry

15 ml/1 łyżka brązowego cukru

Umieść krewetki w misce. Pozostałe składniki wymieszać, polać krewetkami i pozostawić do marynowania na 30 minut. Przełożyć na blachę do pieczenia i piec w nagrzanym piekarniku w temperaturze 150-∞C/300-∞F/stopień gazu 2 przez 25 minut. Podaje się je na ciepło lub na zimno w muszlach, aby goście mogli je sami obrać.

Ciasteczka Krewetkowe

Nosisz 4

100 g/4 uncji Krakersy z krewetkami

olej do smażenia

Rozgrzej olej, aż będzie bardzo gorący. Dodaj garść krakersów krewetkowych i smaż przez kilka sekund, aż się zarumienią. Wyjmij z oleju i odsącz na papierze kuchennym, kontynuując smażenie ciastek.

Chrupiące krewetki

Nosisz 4

450 g/1 funt krewetek tygrysich w łupinach

15 ml/1 łyżka wina ryżowego lub wytrawnego sherry

10 ml/2 łyżeczki sosu sojowego

5 ml/1 łyżeczka proszku pięć przypraw

sól i pieprz

90 ml/6 łyżek mąki kukurydzianej (skrobi kukurydzianej)

2 jajka, ubite

100 g bułki tartej

olej arachidowy do smażenia

Krewetki polać winem lub sherry, sosem sojowym i proszkiem pięciu przypraw, doprawić solą i pieprzem. Zanurz je w mące kukurydzianej, a następnie przykryj roztrzepanym jajkiem i bułką tartą. Smażyć na rozgrzanym oleju przez kilka minut, aż lekko się zarumieni, następnie odcedzić i od razu podawać.

Krewetki z sosem imbirowym

Nosisz 4

15 ml/1 łyżka sosu sojowego

5ml/1 łyżeczka wina ryżowego lub wytrawnego sherry

5 ml/1 łyżeczka oleju sezamowego

450 g/1 funt krewetek w skorupkach

30 ml/2 łyżki świeżej, posiekanej natki pietruszki

15 ml/1 łyżka octu winnego

5 ml/1 łyżeczka posiekanego korzenia imbiru

Dodaj sos sojowy, wino lub sherry i olej sezamowy. Polać krewetkami, przykryć i pozostawić do marynowania na 30 minut. Grilluj krewetki przez kilka minut, aż będą ugotowane, posmaruj marynatą. W międzyczasie dodaj pietruszkę, ocet winny i imbir i podawaj z krewetkami.

Roladki z Krewetkami i Makaronem

Nosisz 4

50 g makaronu jajecznego, podzielonego na kawałki

15 ml/1 łyżka oleju arachidowego (orzeszki ziemne).

50 g chudej wieprzowiny, drobno posiekanej

100 g posiekanych grzybów

3 cebule dymki (cebule), posiekane

100 g krewetek w skorupkach, pokrojonych w kostkę

15 ml/1 łyżka wina ryżowego lub wytrawnego sherry

sól i pieprz

24 skórki wontonów

1 jajko, ubite

olej do smażenia

Makaron gotujemy we wrzącej wodzie przez 5 minut, następnie odcedzamy i siekamy. Rozgrzej olej i smaż wieprzowinę przez 4 minuty. Dodaj grzyby i cebulę, smaż przez 2 minuty, a następnie zdejmij z ognia. Dodaj krewetki, wino lub sherry i makaron, dopraw do smaku solą i pieprzem. Nałóż łyżką mieszaninę na środek każdej skorupki wonton i posmaruj krawędzie ubitym jajkiem. Złóż krawędzie, a następnie zwiń owijki, sklejając krawędzie. Rozgrzewamy olej i smażymy bułki a

po kilka na raz, przez około 5 minut, aż będą złociste. Przed podaniem odsączyć na papierze kuchennym.

krewetki Toast

Nosisz 4

2 jajka 450 g/1 funt krewetek w skorupkach, posiekanych

15 ml/1 łyżka mąki kukurydzianej (skrobi kukurydzianej)

1 cebula, drobno posiekana

30 ml/2 łyżki sosu sojowego

15 ml/1 łyżka wina ryżowego lub wytrawnego sherry

5 ml/1 łyżeczka soli

5 ml/1 łyżeczka posiekanego korzenia imbiru

8 kromek chleba pokrojonych w trójkąty

olej do smażenia

Wymieszaj 1 jajko ze wszystkimi pozostałymi składnikami oprócz chleba i oleju. Wlać mieszaninę na trójkąty chlebowe i uformować kopułę. Posmaruj pozostałym jajkiem. Rozgrzej około 5 cm oleju i smaż trójkąty chleba na złoty kolor. Dobrze odcedź przed podaniem.

Wontony wieprzowe i krewetkowe z sosem słodko-kwaśnym

Nosisz 4

120 ml/4 uncji/¬Ω szklanki wody

60 ml/4 łyżki octu winnego

60 ml/4 łyżki brązowego cukru

30 ml/2 łyżki przecieru pomidorowego (pasty)

10 ml/2 łyżeczki mąki kukurydzianej (skrobi kukurydzianej)

25 g/1 uncja grzybów, posiekanych

25 g/1 uncja krewetek w łupinach, pokrojonych w kostkę

50 g chudej wieprzowiny mielonej

2 cebule dymki (cebule), posiekane

5 ml/1 łyżeczka sosu sojowego

2,5 ml/¬Ω łyżeczki startego korzenia imbiru

1 ząbek czosnku, zmiażdżony

24 skórki wontonów

olej do smażenia

Połącz wodę, ocet winny, cukier, przecier pomidorowy i mąkę kukurydzianą w małym rondlu. Doprowadzić do wrzenia, ciągle mieszając, następnie gotować na wolnym ogniu przez 1 minutę. Zdejmij z ognia i trzymaj w cieple.

Wymieszaj grzyby, krewetki, wieprzowinę, dymkę, sos sojowy, imbir i czosnek. Na każdą skórkę nakładamy po łyżce farszu, brzegi smarujemy wodą i dociskamy do siebie. Rozgrzej olej i smaż po trochu wontony, aż uzyskają złoty kolor. Odsączyć na papierze kuchennym i podawać gorące z sosem słodko-kwaśnym.

Rosół

Daje 2 kwarty / 3½ punktu / 8½ filiżanki

1,5 kg gotowanych lub surowych kości kurczaka

450 g/1 funt kości wieprzowych

1 cm/½ kawałka korzenia imbiru

3 cebule dymki (cebule), pokrojone w plasterki

1 ząbek czosnku, zmiażdżony

5 ml/1 łyżeczka soli

2,25 litra/4 punkty/10 szklanek wody

Wszystkie składniki zagotować, przykryć i dusić przez 15 minut. Usuń tłuszcz. Przykryj i gotuj na wolnym ogniu przez 1 1/2 godziny. Odcedź, ostudź i odtłuszcz. Zamrażaj w małych ilościach lub przechowuj w lodówce i zużyj w ciągu 2 dni.

Zupa z kiełków fasoli i wieprzowiny

Nosisz 4

450 g/1 funt wieprzowiny pokrojonej w kostkę

1,5 l/2½ szt./6 szklanek rosołu

5 plasterków korzenia imbiru

350 g kiełków fasoli

15 ml/1 łyżka soli

Mięso wieprzowe gotujemy 10 minut we wrzącej wodzie, następnie odcedzamy. Doprowadź bulion do wrzenia, dodaj wieprzowinę i imbir. Przykryj i gotuj na wolnym ogniu przez 50 minut. Dodaj kiełki fasoli i sól i gotuj na wolnym ogniu przez 20 minut.

Zupa z uchowców i grzybów

Nosisz 4

60 ml/4 łyżki oleju arachidowego (orzeszki ziemne).

100 g chudej wieprzowiny pokrojonej w paski

225 g uchowca z puszki, pokrojonego w paski

100 g grzybów pokrojonych w plasterki

2 łodygi selera, pokrojone w plasterki

50 g szynki pokrojonej w plasterki

2 cebule, pokrojone w plasterki

1,5 l/2½ punktu/6 szklanek wody

30 ml/2 łyżki octu winnego

45 ml/3 łyżki sosu sojowego

2 plasterki korzenia imbiru, posiekane

sól i świeżo zmielony pieprz

15 ml/1 łyżka mąki kukurydzianej (skrobi kukurydzianej)

45ml/3 łyżki wody

Rozgrzej olej i smaż wieprzowinę, uchowca, grzyby, seler, szynkę i cebulę przez 8 minut. Dodać wodę i ocet winny, doprowadzić do wrzenia, przykryć i gotować na wolnym ogniu przez 20 minut. Dodać sos sojowy, imbir, sól i pieprz. Mąkę kukurydzianą zmiksować na pastę

wodę, dodać do zupy i dusić, mieszając, przez 5 minut, aż zupa będzie klarowna i zgęstnieje.

Zupa z kurczaka i szparagów

Nosisz 4

100 g kurczaka, mielonego

2 białka jaj

2,5 ml/½ łyżeczki soli

30 ml/2 łyżki mąki kukurydzianej (skrobi kukurydzianej)

225 g szparagów, pokrojonych na 5 cm/2 kawałki

100 g kiełków fasoli

1,5 l/2½ szt./6 szklanek rosołu

100 g pieczarek

Wymieszaj kurczaka z białkami, solą i mąką kukurydzianą i odstaw na 30 minut. Gotuj kurczaka we wrzącej wodzie przez około 10 minut, aż będzie ugotowany, następnie dobrze odcedź. Blanszuj szparagi we wrzącej wodzie przez 2 minuty, a następnie odcedź. Kiełki fasoli blanszować we wrzącej wodzie przez 3 minuty, następnie odcedzić. Bulion wlać do dużego rondla, dodać kurczaka, szparagi, grzyby i kiełki fasoli. Doprowadzić do wrzenia i doprawić do smaku solą. Gotuj przez kilka minut, aby smaki się rozwinęły i aż warzywa będą miękkie, ale nadal chrupiące.

Zupa wołowa

Nosisz 4

225 g/8 uncji mielonej wołowiny (mielonej).

15 ml/1 łyżka sosu sojowego

15 ml/1 łyżka wina ryżowego lub wytrawnego sherry

15 ml/1 łyżka mąki kukurydzianej (skrobi kukurydzianej)

1,2 l/2 szt./5 szklanek rosołu

5 ml/1 łyżeczka sosu chili

sól i pieprz

2 jajka, ubite

6 cebul dymki (cebuli), posiekanych

Wołowinę wymieszać z sosem sojowym, winem lub sherry i mąką kukurydzianą. Dodajemy do bulionu i stopniowo doprowadzamy do wrzenia, mieszając. Dodać sos z fasoli chili, doprawić do smaku solą i pieprzem, przykryć i dusić około 10 minut, od czasu do czasu mieszając. Wymieszaj jajka i podawaj posypane dymką.

Chińska zupa z wołowiną i liśćmi

Nosisz 4

200 g chudej wołowiny pokrojonej w paski

15 ml/1 łyżka sosu sojowego

15 ml/1 łyżka oleju arachidowego (orzeszki ziemne).

1,5 l/2½ punktu/6 szklanek bulionu wołowego

5 ml/1 łyżeczka soli

2,5 ml/½ łyżeczki cukru

½ główki liści chińskich, pokrojonych na kawałki

Wołowinę wymieszać z sosem sojowym i olejem i pozostawić do marynowania na 30 minut, od czasu do czasu mieszając. Bulion zagotuj z solą i cukrem, dodaj liście chińskie i gotuj na wolnym ogniu przez około 10 minut, aż będą prawie ugotowane. Dodaj wołowinę i gotuj przez kolejne 5 minut.

Kapuśniak

Nosisz 4

60 ml/4 łyżki oleju arachidowego (orzeszki ziemne).

2 cebule, posiekane

100 g chudej wieprzowiny pokrojonej w paski

225 g kapusty pekińskiej, posiekanej

10 ml/2 łyżeczki cukru

1,2 l/2 szt./5 szklanek rosołu

45 ml/3 łyżki sosu sojowego

sól i pieprz

15 ml/1 łyżka mąki kukurydzianej (skrobi kukurydzianej)

Rozgrzej olej i podsmaż cebulę i wieprzowinę, aż lekko się zarumienią. Dodać kapustę i cukier i gotować 5 minut. Dodać bulion i sos sojowy, doprawić do smaku solą i pieprzem. Doprowadzić do wrzenia, przykryć i dusić na wolnym ogniu przez 20 minut. Kaszę kukurydzianą wymieszać z odrobiną wody, dodać do zupy i gotować, mieszając, aż zupa zgęstnieje i będzie klarowna.

Pikantna zupa wołowa

Nosisz 4

45 ml/3 łyżki oleju arachidowego.

1 ząbek czosnku, zmiażdżony

5 ml/1 łyżeczka soli

225 g/8 uncji mielonej wołowiny (mielonej).

6 dymek (szalotek), pokrojonych w paski

1 czerwona papryka, pokrojona w paski

1 zielona papryka, pokrojona w paski

225 g kapusty, posiekanej

1 l/1¾ punktu/4¼ szklanki bulionu wołowego

30 ml/2 łyżki sosu śliwkowego

30 ml/2 łyżki sosu hoisin

45 ml/3 łyżki sosu sojowego

2 kawałki łodygi imbiru, posiekane

2 jajka

5 ml/1 łyżeczka oleju sezamowego

225 g przezroczystego makaronu, namoczonego

Rozgrzej oliwę i podsmaż czosnek i sól, aż się lekko zrumienią. Dodać wołowinę i szybko zrumienić. Dodaj warzywa i smaż, aż będą przezroczyste. Dodać bulion, sos śliwkowy, sos hoisin, 30ml/2

łyżeczkę sosu sojowego i imbiru, doprowadzić do wrzenia i gotować przez 10 minut. Jajka ubić z olejem sezamowym i pozostałym sosem sojowym. Dodać do zupy z makaronem i smażyć, mieszając, aż z jajek zrobią się nitki, a makaron będzie miękki.

Niebiańska zupa

Nosisz 4

2 cebule dymki (cebule), posiekane

1 ząbek czosnku, zmiażdżony

30 ml/2 łyżki świeżej, posiekanej natki pietruszki

5 ml/1 łyżeczka soli

15 ml/1 łyżka oleju arachidowego (orzeszki ziemne).

30 ml/2 łyżki sosu sojowego

1,5 l/2½ punktu/6 szklanek wody

Wymieszaj szczypiorek, czosnek, pietruszkę, sól, olej i sos sojowy. Zagotuj wodę, wlej mieszankę cebuli dymki i odstaw na 3 minuty.

Zupa z kurczaka i pędów bambusa

Nosisz 4

2 udka z kurczaka

30 ml/2 łyżki oleju arachidowego.

5ml/1 łyżeczka wina ryżowego lub wytrawnego sherry

1,5 l/2½ szt./6 szklanek rosołu

3 cebule dymki, pokrojone w plasterki

100 g pędów bambusa, pokrojonych na kawałki

5 ml/1 łyżeczka posiekanego korzenia imbiru

sól

Kurczaka obieramy z kości, a mięso kroimy na kawałki. Rozgrzej olej i smaż kurczaka, aż będzie obsmażony ze wszystkich stron. Dodać bulion, dymkę, pędy bambusa i imbir, doprowadzić do wrzenia i gotować około 20 minut, aż kurczak będzie miękki. Przed podaniem dopraw do smaku solą.

Zupa z kurczaka i kukurydzy

Nosisz 4

1 l/1¾ punktu/4¼ szklanki bulionu z kurczaka

100 g kurczaka, mielonego

200 g/7 uncji Kremowa słodka kukurydza

plasterek szynki, posiekany

jajka, ubite

15 ml/1 łyżka wina ryżowego lub wytrawnego sherry

Zagotuj bulion i kurczaka, przykryj i gotuj na wolnym ogniu przez 15 minut. Dodać kukurydzę i szynkę, przykryć i dusić przez 5 minut. Dodaj jajka i sherry, powoli mieszając pałką, tak aby jajka utworzyły pasma. Zdejmij z ognia, przykryj i odstaw na 3 minuty przed podaniem.

Zupa z kurczaka i imbiru

Nosisz 4

4 suszone grzyby chińskie

1,5 l/2½ punktu/6 szklanek wody lub bulionu z kurczaka

225 g kurczaka pokrojonego w kostkę

10 plasterków korzenia imbiru

5ml/1 łyżeczka wina ryżowego lub wytrawnego sherry

sól

Grzyby namoczyć w ciepłej wodzie przez 30 minut, następnie odcedzić. Odrzuć łodygi. Zagotuj wodę lub bulion z pozostałymi składnikami i gotuj na wolnym ogniu przez około 20 minut, aż kurczak będzie ugotowany.

Chińska zupa grzybowa z kurczakiem

Nosisz 4

25 g/1 uncja suszonych grzybów chińskich

100 g kurczaka, mielonego

50 g posiekanych pędów bambusa

30 ml/2 łyżki sosu sojowego

30 ml/2 łyżki wina ryżowego lub wytrawnego sherry

1,2 l/2 szt./5 szklanek rosołu

Grzyby namoczyć w ciepłej wodzie przez 30 minut, następnie odcedzić. Odrzuć łodygi i odetnij kapelusze. Blanszuj grzyby, kurczaka i pędy bambusa we wrzącej wodzie przez 30 sekund, następnie odcedź. Umieść je w misce i wymieszaj z sosem sojowym oraz winem lub sherry. Pozostawić do marynowania na 1 godzinę. Zagotuj bulion, dodaj mieszaninę kurczaka i marynatę. Dobrze wymieszaj i smaż przez kilka minut, aż kurczak będzie dobrze ugotowany.

Zupa z kurczakiem i ryżem

Nosisz 4

1 l/1¾ punktu/4¼ szklanki bulionu z kurczaka

225 g/8 uncji/1 filiżanka ryżu długoziarnistego

100 g ugotowanego kurczaka, pokrojonego w paski

1 cebula, pokrojona w plasterki

5 ml/1 łyżeczka sosu sojowego

Delikatnie podgrzej wszystkie składniki, aż będą gorące, nie pozwalając zupie się zagotować.

Zupa z kurczakiem i kokosem

Nosisz 4

350 g piersi z kurczaka

sól

10 ml/2 łyżeczki mąki kukurydzianej (skrobi kukurydzianej)

30 ml/2 łyżki oleju arachidowego.

1 zielone chili, posiekane

1 l/1¾ punktu/4¼ szklanki mleka kokosowego

5 ml/1 łyżeczka startej skórki z cytryny

12 liczi

starta gałka muszkatołowa w proszku

sól i świeżo zmielony pieprz

2 liście melisy

Pierś kurczaka pokroić ukośnie w poprzek włókien w paski. Posyp solą i obtocz w mące kukurydzianej. W woku rozgrzej 10 ml/2 łyżeczki oleju, zamieszaj i wlej. Powtórz jeszcze raz. Rozgrzej pozostały olej i smaż kurczaka z chilli przez 1 minutę. Dodać mleko kokosowe i doprowadzić do wrzenia. Dodaj skórkę z cytryny i gotuj przez 5 minut. Dodać liczi, doprawić gałką muszkatołową, solą i pieprzem i podawać udekorowane melisą.

Chowder z mięczaków

Nosisz 4

2 suszone grzyby chińskie

12 małży, namoczonych i umytych

1,5 l/2½ szt./6 szklanek rosołu

50 g posiekanych pędów bambusa

50 g groszku śnieżnego, przekrojonego na pół

2 cebule dymki (cebule), pokrojone w plasterki

15 ml/1 łyżka wina ryżowego lub wytrawnego sherry

świeżo zmielony pieprz w proszku

Grzyby namoczyć w ciepłej wodzie przez 30 minut, następnie odcedzić. Odrzuć łodygi, a kapelusze przekrój na pół. Gotuj na parze muszle przez około 5 minut, aż się otworzą; wyrzuć wszystko, co pozostaje zamknięte. Wyjmij małże ze skorupy. Doprowadź bulion do wrzenia i dodaj grzyby, pędy bambusa, mangetou i dymkę. Gotuj bez przykrycia przez 2 minuty. Dodaj małże, wino lub sherry i pieprz i gotuj, aż się rozgrzeją.

Zupa jajeczna

Nosisz 4

1,2 l/2 szt./5 szklanek rosołu

3 jajka, ubite

45 ml/3 łyżki sosu sojowego

sól i świeżo zmielony pieprz

4 cebule dymki (szalotki), pokrojone w plasterki

Doprowadź bulion do wrzenia. Stopniowo wbijaj ubite jajka, tak aby rozdzieliły się na pasma. Wymieszać z sosem sojowym i doprawić do smaku solą i pieprzem. Podaje się je udekorowane dymką.

Zupa z kraba i małży

Nosisz 4

4 suszone grzyby chińskie

15 ml/1 łyżka oleju arachidowego (orzeszki ziemne).

1 jajko, ubite

1,5 l/2½ szt./6 szklanek rosołu

175 g mięsa krabowego w płatkach

100 g przegrzebków łuskanych i pokrojonych w plasterki

100 g pędów bambusa, pokrojonych w plasterki

2 cebule dymki (cebule), posiekane

1 plasterek korzenia imbiru, posiekany

kilka ugotowanych i oczyszczonych krewetek (opcjonalnie)

45 ml/3 łyżki mąki kukurydzianej (skrobi kukurydzianej)

90ml/6 łyżek wody

30 ml/2 łyżki wina ryżowego lub wytrawnego sherry

20 ml/4 łyżeczki sosu sojowego

2 białka jaj

Grzyby namoczyć w ciepłej wodzie przez 30 minut, następnie odcedzić. Odrzuć łodygi, a kapelusze pokrój w cienkie plasterki. Rozgrzej olej, wbij jajko i przechyl patelnię tak, aby jajko przykryło dno. Gotuj aż

włożyć, następnie obrócić i smażyć drugą stronę. Zdejmij z formy, zwiń w rulon i pokrój w cienkie paski.

Zagotuj bulion, dodaj grzyby, paski jajek, mięso kraba, małże, pędy bambusa, dymkę, imbir i krewetki, jeśli używasz. Doprowadź ponownie do wrzenia. Wymieszaj mąkę kukurydzianą z 60 ml/4 łyżkami wody, winem lub sherry i sosem sojowym i dodaj do zupy. Gotować, mieszając, aż zupa zgęstnieje. Białka ubić z pozostałą wodą i powoli wsypywać powstałą masę do zupy, energicznie mieszając.

Zupa krabowa

Nosisz 4

90 ml/6 łyżek oleju arachidowego.

3 cebule, posiekane

225 g/8 uncji białego i brązowego mięsa krabowego

1 plasterek korzenia imbiru, posiekany

1,2 l/2 szt./5 szklanek rosołu

150 ml/¼ pt/kubek wina ryżowego lub wytrawnej sherry

45 ml/3 łyżki sosu sojowego

sól i świeżo zmielony pieprz

Rozgrzej olej i smaż cebulę, aż zmięknie, ale nie będzie rumiana. Dodaj mięso krabowe i imbir i smaż przez 5 minut. Dodać bulion, wino lub sherry i sos sojowy, doprawić solą i pieprzem. Doprowadzić do wrzenia, następnie gotować przez 5 minut.

Zupa rybna

Nosisz 4

225 g filetów rybnych

1 plasterek korzenia imbiru, posiekany

15 ml/1 łyżka wina ryżowego lub wytrawnego sherry

30 ml/2 łyżki oleju arachidowego.

1,5 l/2½ punktu/6 szklanek bulionu rybnego

Rybę pokroić w cienkie paski wzdłuż włókien. Wymieszaj imbir, wino lub sherry i oliwę, dodaj rybę i delikatnie wymieszaj. Pozostawić do marynowania na 30 minut, od czasu do czasu obracając. Zagotuj bulion, dodaj rybę i gotuj na wolnym ogniu przez 3 minuty.

Zupa rybna i zielona sałata

Nosisz 4

225 g filetów z białej ryby

30 ml/2 łyżki mąki zwykłej (uniwersalnej).

sól i świeżo zmielony pieprz

90 ml/6 łyżek oleju arachidowego.

6 cebul dymki (cebuli), pokrojonych w plasterki

100 g sałaty, posiekanej

1,2 l/2 punkty/5 szklanek wody

10 ml/2 łyżeczki drobno posiekanego korzenia imbiru

150 ml/¼ pt/obfite ½ szklanki wina ryżowego lub wytrawnego sherry

30 ml/2 łyżki mąki kukurydzianej (skrobi kukurydzianej)

30 ml/2 łyżki świeżej, posiekanej natki pietruszki

10 ml/2 łyżeczki soku z cytryny

30 ml/2 łyżki sosu sojowego

Rybę pokroić w cienkie paski i obtoczyć w przyprawionej mące. Rozgrzej oliwę i podsmaż cebulę dymkę, aż będzie miękka. Dodać sałatę i smażyć 2 minuty. Dodaj rybę i gotuj przez 4 minuty. Dodać wodę, imbir i wino lub sherry, doprowadzić do wrzenia, przykryć i gotować na wolnym ogniu przez 5 minut. Wymieszaj mąkę kukurydzianą z odrobiną wody, a następnie dodaj ją do zupy. Gotuj, mieszając, przez kolejne 4 minuty, aż zupa zgęstnieje

oczyścić, następnie doprawić solą i pieprzem. Podaje się posypane natką pietruszki, sokiem z cytryny i sosem sojowym.

Zupa z kluskami imbirowymi

Nosisz 4

5 cm/2 kawałki korzenia imbiru, startego

350 g/12 uncji brązowego cukru

1,5 l/2½ punktu/7 szklanek wody

225 g/8 uncji/2 filiżanek mąki ryżowej

2,5 ml/½ łyżeczki soli

60ml/4 łyżki wody

W rondelku umieścić imbir, cukier i wodę, zagotować, mieszając. Przykryć i dusić przez około 20 minut. Odcedź zupę i wlej ją z powrotem na patelnię.

W międzyczasie do miski wsyp mąkę i sól i stopniowo dodawaj taką ilość wody, aby powstało gęste ciasto. Formuj małe kulki i wrzucaj knedle do zupy. Doprowadź zupę do wrzenia, przykryj i gotuj na wolnym ogniu przez kolejne 6 minut, aż kluski będą ugotowane.

Gorąca i kwaśna zupa

Nosisz 4

8 suszonych grzybów chińskich

1 l/1¾ punktu/4¼ szklanki bulionu z kurczaka

100 g kurczaka pokrojonego w paski

100 g pędów bambusa pokrojonych w paski

100 g tofu, pokrojonego w paski

15 ml/1 łyżka sosu sojowego

30 ml/2 łyżki octu winnego

30 ml/2 łyżki mąki kukurydzianej (skrobi kukurydzianej)

2 jajka, ubite

kilka kropli oleju sezamowego

Grzyby namoczyć w ciepłej wodzie przez 30 minut, następnie odcedzić. Odrzuć łodygi, a kapelusze pokrój w paski. Zagotuj grzyby, bulion, kurczaka, pędy bambusa i tofu, przykryj i gotuj na wolnym ogniu przez 10 minut. Sos sojowy, ocet winny i mąkę kukurydzianą wymieszaj na gładką pastę, dodaj do zupy i gotuj przez 2 minuty, aż zupa stanie się przezroczysta. Powoli dodawaj jajka i olej sezamowy, mieszając pałką. Przykryj i odstaw na 2 minuty przed podaniem.

Zupa grzybowa

Nosisz 4

15 suszonych grzybów chińskich

1,5 l/2½ szt./6 szklanek rosołu

5 ml/1 łyżeczka soli

Grzyby namoczyć w ciepłej wodzie przez 30 minut, następnie odcedzić, zachowując płyn. Wyrzuć łodygi, przekrój kapelusze na pół, jeśli są duże, i umieść je w dużej żaroodpornej misce. Połóż naczynie na ruszcie w piekarniku parowym. Zagotuj bulion, zalej grzyby, przykryj i gotuj na wolnym ogniu przez 1 godzinę nad delikatnie wrzącą wodą. Dopraw do smaku solą i podawaj.

Zupa grzybowo-kapuściana

Nosisz 4

25 g/1 uncja suszonych grzybów chińskich

15 ml/1 łyżka oleju arachidowego (orzeszki ziemne).

50 g posiekanych liści chińskich

15 ml/1 łyżka wina ryżowego lub wytrawnego sherry

15 ml/1 łyżka sosu sojowego

1,2 l/2 punkty/5 szklanek zupy z kurczakiem lub jarzynką

sól i świeżo zmielony pieprz

5 ml/1 łyżeczka oleju sezamowego

Grzyby namoczyć w ciepłej wodzie przez 30 minut, następnie odcedzić. Odrzuć łodygi i odetnij kapelusze. Rozgrzej olej i smaż grzyby i liście chińskie przez 2 minuty, aż będą dobrze pokryte. Dodaj wino lub sherry i sos sojowy, a następnie dodaj bulion. Doprowadzić do wrzenia, doprawić do smaku solą i pieprzem, następnie gotować przez 5 minut. Przed podaniem skrop olejem sezamowym.

Zupa z kroplami jajek grzybowych

Nosisz 4

1 l/1¾ punktu/4¼ szklanki bulionu z kurczaka

30 ml/2 łyżki mąki kukurydzianej (skrobi kukurydzianej)

100 g grzybów pokrojonych w plasterki

1 plasterek cebuli, drobno posiekany

szczypta soli

3 krople oleju sezamowego

2,5 ml/½ łyżeczki sosu sojowego

1 jajko, ubite

Zmieszaj odrobinę bulionu z mąką kukurydzianą, następnie wymieszaj wszystkie składniki oprócz jajka. Doprowadź do wrzenia, przykryj i gotuj na wolnym ogniu przez 5 minut. Dodajemy jajko, mieszamy pałką tak, aby z jajka utworzyły się nitki. Zdjąć z ognia i odstawić na 2 minuty przed podaniem.

Zupa kasztanowa z grzybami i wodą

Nosisz 4

1 l/1¾ punktu/4¼ szklanki bulionu warzywnego lub wody

2 cebule, drobno posiekane

5ml/1 łyżeczka wina ryżowego lub wytrawnego sherry

30 ml/2 łyżki sosu sojowego

225 g pieczarek

100 g kasztanów wodnych, pokrojonych w plasterki

100 g pędów bambusa, pokrojonych w plasterki

kilka kropli oleju sezamowego

2 liście sałaty, pokrojone na kawałki

2 cebule dymki (cebule), pokrojone na kawałki

Wodę, cebulę, wino lub sherry i sos sojowy zagotować, przykryć i gotować na wolnym ogniu przez 10 minut. Dodać grzyby, kasztany wodne i pędy bambusa, przykryć i dusić przez 5 minut. Dodać olej sezamowy, liście sałaty i dymkę, zdjąć z ognia, przykryć i odstawić na 1 minutę przed podaniem.

Zupa wieprzowo-grzybowa

Nosisz 4

60 ml/4 łyżki oleju arachidowego (orzeszki ziemne).

1 ząbek czosnku, zmiażdżony

2 cebule, pokrojone w plasterki

225 g chudej wieprzowiny pokrojonej w paski

1 łodyga selera, posiekana

50 g grzybów pokrojonych w plasterki

2 marchewki, pokrojone w plasterki

1,2 l/2 punkty/5 szklanek bulionu wołowego

15 ml/1 łyżka sosu sojowego

sól i świeżo zmielony pieprz

15 ml/1 łyżka mąki kukurydzianej (skrobi kukurydzianej)

Rozgrzej oliwę i podsmaż czosnek, cebulę i wieprzowinę, aż cebula będzie miękka i lekko rumiana. Dodać seler, pieczarki i marchewkę, przykryć i dusić na wolnym ogniu przez 10 minut. Bulion zagotować, następnie wlać na patelnię z sosem sojowym i doprawić do smaku solą i pieprzem. Mąkę kukurydzianą wymieszać z odrobiną wody, wrzucić na patelnię i smażyć, mieszając, przez około 5 minut.

Zupa wieprzowa i rzeżucha

Nosisz 4

1,5 l/2½ szt./6 szklanek rosołu

100 g chudej wieprzowiny pokrojonej w paski

3 łodygi selera pokrojone ukośnie

2 cebule dymki (cebule), pokrojone w plasterki

1 pęczek rzeżuchy

5 ml/1 łyżeczka soli

Zagotuj bulion, dodaj wieprzowinę i seler, przykryj i gotuj na wolnym ogniu przez 15 minut. Dodaj dymkę, rzeżuchę i sól i gotuj bez przykrycia przez około 4 minuty.

Zupa wieprzowo-ogórkowa

Nosisz 4

100 g chudej wieprzowiny pokrojonej w cienkie plasterki

5 ml/1 łyżeczka mąki kukurydzianej (skrobi kukurydzianej)

15 ml/1 łyżka sosu sojowego

15 ml/1 łyżka wina ryżowego lub wytrawnego sherry

1 ogórek

1,5 l/2½ szt./6 szklanek rosołu

5 ml/1 łyżeczka soli

Wymieszaj wieprzowinę, mąkę kukurydzianą, sos sojowy i wino lub sherry. Mieszaj, aby pokryć wieprzowinę. Ogórka obierz i przekrój wzdłuż na pół, następnie usuń nasiona. Pokrój grubo. Zagotuj bulion, dodaj wieprzowinę, przykryj i gotuj na wolnym ogniu przez 10 minut. Dodaj ogórek i smaż przez kilka minut, aż będzie przezroczysty. Dodaj sól i trochę więcej sosu sojowego, jeśli chcesz.

Zupa z klopsikami wieprzowymi i makaronem

Nosisz 4

50 g makaronu ryżowego

225 g mielonej (mielonej) wieprzowiny.

5 ml/1 łyżeczka mąki kukurydzianej (skrobi kukurydzianej)

2,5 ml/½ łyżeczki soli

30ml/2 łyżki wody

1,5 l/2½ szt./6 szklanek rosołu

1 dymka (cebula), drobno posiekana

5 ml/1 łyżeczka sosu sojowego

Włóż makaron do zimnej wody, aby namoczył się na czas przygotowania klopsików. Wymieszać wieprzowinę, mąkę kukurydzianą, odrobinę soli i wody i formować kulki wielkości orzecha włoskiego. W garnku zagotuj wodę, włóż kulki wieprzowe, przykryj i gotuj na wolnym ogniu przez 5 minut. Dobrze odcedź i odcedź makaron. Zagotuj bulion, dodaj kulki wieprzowe i makaron, przykryj i gotuj na wolnym ogniu przez 5 minut. Dodaj dymkę, sos sojowy i pozostałą sól i smaż przez kolejne 2 minuty.

Zupa szpinakowa i tofu

Nosisz 4

1,2 l/2 szt./5 szklanek rosołu

200 g pomidorów z puszki, odsączonych i posiekanych

225 g tofu pokrojonego w kostkę

225 g szpinaku, posiekanego

30 ml/2 łyżki sosu sojowego

5 ml/1 łyżeczka brązowego cukru

sól i świeżo zmielony pieprz

Zagotuj bulion, następnie dodaj pomidory, tofu i szpinak i delikatnie wymieszaj. Wróć do wrzenia i gotuj przez 5 minut. Dodać sos sojowy i cukier, doprawić do smaku solą i pieprzem. Gotować przez 1 minutę przed podaniem.

Zupa ze słodkiej kukurydzy i krabów

Nosisz 4

1,2 1/2 szt./5 szklanek rosołu

200 g/7 uncji słodkiej kukurydzy

sól i świeżo zmielony pieprz

1 jajko, ubite

200 g mięsa krabowego w płatkach

3 szalotki, posiekane

Zagotuj bulion, dodaj kukurydzę, sól i pieprz. Gotuj przez 5 minut. Tuż przed podaniem wbij jajka na widelec i wymieszaj z zupą. Podaje się go posypanego mięsem kraba i posiekaną szalotką.

Zupa syczuańska

Nosisz 4

4 suszone grzyby chińskie

1,5 l/2½ szt./6 szklanek rosołu

75 ml/5 łyżek białego wytrawnego wina

15 ml/1 łyżka sosu sojowego

2,5 ml/½ łyżeczki sosu chili

30 ml/2 łyżki mąki kukurydzianej (skrobi kukurydzianej)

60ml/4 łyżki wody

100 g chudej wieprzowiny pokrojonej w paski

50 g gotowanej szynki, pokrojonej w plasterki

1 czerwona papryka, pokrojona w paski

50 g kasztanów wodnych, pokrojonych w plasterki

10 ml/2 łyżeczki octu winnego

5 ml/1 łyżeczka oleju sezamowego

1 jajko, ubite

100 g krewetek w skorupkach

6 cebul dymki (cebuli), posiekanych

175 g tofu pokrojonego w kostkę

Grzyby namoczyć w ciepłej wodzie przez 30 minut, następnie odcedzić. Odrzuć łodygi i odetnij kapelusze. Przynieś bulion, wino, soję

sosem i sosem chilli zagotować, przykryć i dusić przez 5 minut. Mąkę kukurydzianą wymieszać z połową wody i wmieszać do zupy, mieszając, aż zupa zgęstnieje. Dodać grzyby, wieprzowinę, szynkę, paprykę i kasztany wodne i dusić przez 5 minut. Wymieszaj ocet winny i olej sezamowy. Jajko ubić z pozostałą wodą i wlać do zupy, energicznie mieszając. Dodaj krewetki, dymkę i tofu i smaż przez kilka minut, aż się podgrzeją.

Zupa tofu

Nosisz 4

1,5 l/2½ szt./6 szklanek rosołu

225 g tofu pokrojonego w kostkę

5 ml/1 łyżeczka soli

5 ml/1 łyżeczka sosu sojowego

Zagotuj bulion, dodaj tofu, sól i sos sojowy. Gotuj przez kilka minut, aż tofu się podgrzeje.

Zupa tofu i rybna

Nosisz 4

225 g filetów z białej ryby, pokrojonych w paski

150 ml/¼ pt/obfite ½ szklanki wina ryżowego lub wytrawnego sherry

10 ml/2 łyżeczki drobno posiekanego korzenia imbiru

45 ml/3 łyżki sosu sojowego

2,5 ml/½ łyżeczki soli

60 ml/4 łyżki oleju arachidowego (orzeszki ziemne).

2 cebule, posiekane

100 g grzybów pokrojonych w plasterki

1,2 l/2 szt./5 szklanek rosołu

100 g tofu, pokrojonego w kostkę

sól i świeżo zmielony pieprz

Rybę włóż do miski. Dodaj wino lub sherry, imbir, sos sojowy i sól i polej rybę. Pozostawić do marynowania na 30 minut. Rozgrzej olej i smaż cebulę przez 2 minuty. Dodaj grzyby i kontynuuj smażenie, aż cebula będzie miękka, ale nie rumiana. Dodać rybę i marynatę, doprowadzić do wrzenia, przykryć i dusić przez 5 minut. Dodaj bulion, ponownie zagotuj, przykryj i gotuj na wolnym ogniu przez 15 minut. Dodać tofu i doprawić do smaku solą i pieprzem. Gotuj, aż tofu będzie ugotowane.

Zupa pomidorowa

Nosisz 4

400 g pomidorów z puszki, odsączonych i posiekanych

1,2 l/2 szt./5 szklanek rosołu

1 plasterek korzenia imbiru, posiekany

15 ml/1 łyżka sosu sojowego

15 ml/1 łyżka ostrego sosu paprykowego

10 ml/2 łyżeczki cukru

Wszystkie składniki umieścić w rondlu i powoli doprowadzić do wrzenia, od czasu do czasu mieszając. Przed podaniem gotować około 10 minut.

Zupa pomidorowo-szpinakowa

Nosisz 4

1,2 1/2 szt./5 szklanek rosołu

225 g puszki posiekanych pomidorów

225 g tofu pokrojonego w kostkę

225 g szpinaku

30 ml/2 łyżki sosu sojowego

sól i świeżo zmielony pieprz

2,5 ml/½ łyżeczki cukru

2,5 ml/½ łyżeczki wina ryżowego lub wytrawnego sherry

Zagotuj bulion, następnie dodaj pomidory, tofu i szpinak i gotuj na wolnym ogniu przez 2 minuty. Dodaj pozostałe składniki i gotuj przez 2 minuty, następnie dobrze wymieszaj i podawaj.

Zupa Rzepa

Nosisz 4

1 l/1¾ punktu/4¼ szklanki bulionu z kurczaka

1 duża rzepa, pokrojona w cienkie plasterki

200 g chudej wieprzowiny pokrojonej w cienkie plasterki

15 ml/1 łyżka sosu sojowego

60 ml/4 łyżki brandy

sól i świeżo zmielony pieprz

4 szalotki, drobno posiekane

Zagotuj bulion, dodaj rzepę i wieprzowinę, przykryj i gotuj na wolnym ogniu przez 20 minut, aż rzepa będzie miękka, a mięso ugotowane. Wymieszaj sos sojowy i brandy do smaku. Gotować, aż będzie gorące, posypane szalotką.

Zupa warzywna

Nosisz 4

6 suszonych grzybów chińskich

1 l/1¾ punktu/4¼ szklanki bulionu warzywnego

50 g pędów bambusa pokrojonych w paski

50 g kasztanów wodnych, pokrojonych w plasterki

8 mangetoutów (groszek śnieżny), pokrojonych w plasterki

5 ml/1 łyżeczka sosu sojowego

Grzyby namoczyć w ciepłej wodzie przez 30 minut, następnie odcedzić. Odrzuć łodygi, a kapelusze pokrój w paski. Dodaj je do bulionu z pędów bambusa i kasztanowców wodnych, zagotuj, przykryj i gotuj na wolnym ogniu przez 10 minut. Dodaj mangeout i sos sojowy, przykryj i gotuj przez 2 minuty. Przed podaniem odstaw na 2 minuty.

Zupa wegetariańska

Nosisz 4

¼ białej kapusty

2 marchewki

3 łodygi selera

2 cebule dymki (cebule)

30 ml/2 łyżki oleju arachidowego.

1,5 l/2½ punktu/6 szklanek wody

15 ml/1 łyżka sosu sojowego

15 ml/1 łyżka wina ryżowego lub wytrawnego sherry

5 ml/1 łyżeczka soli

świeżo zmielony pieprz

Warzywa pokroić w paski. Rozgrzej olej i smaż warzywa przez 2 minuty, aż zaczną mięknąć. Dodać pozostałe składniki, doprowadzić do wrzenia, przykryć i dusić przez 15 minut.

zupa z rukwii wodnej

Nosisz 4

1 l/1¾ punktu/4¼ szklanki bulionu z kurczaka

1 cebula, drobno posiekana

1 łodyga selera, drobno posiekana

225 g rzeżuchy wodnej, grubo posiekanej

sól i świeżo zmielony pieprz

Bulion, cebulę i seler zagotuj, przykryj i gotuj na wolnym ogniu przez 15 minut. Dodać rzeżuchę, przykryć i dusić przez 5 minut. Doprawić solą i pieprzem.

Smażona ryba z warzywami

Nosisz 4

4 suszone grzyby chińskie

4 całe ryby, oczyszczone i ołuskowane

olej do smażenia

30 ml/2 łyżki mąki kukurydzianej (skrobi kukurydzianej)

45 ml/3 łyżki oleju arachidowego.

100 g pędów bambusa pokrojonych w paski

50 g kasztanów wodnych, pokrojonych w plasterki

50 g kapusty pekińskiej, posiekanej

2 plasterki korzenia imbiru, posiekane

30 ml/2 łyżki wina ryżowego lub wytrawnego sherry

30ml/2 łyżki wody

15 ml/1 łyżka sosu sojowego

5 ml/1 łyżeczka cukru

Kubek na bulion rybny o pojemności 120 ml/4 uncji/¬Ω

sól i świeżo zmielony pieprz

¬Ω sałata, posiekana

15 ml/1 łyżka posiekanej natki pietruszki płaskolistnej

Grzyby namoczyć w ciepłej wodzie przez 30 minut, następnie odcedzić. Odrzuć łodygi i odetnij kapelusze. Opłucz rybę na pół

mąkę kukurydzianą i strząśnij jej nadmiar. Rozgrzej olej i smaż rybę przez około 12 minut, aż będzie ugotowana. Odsączyć na papierze kuchennym i trzymać w cieple.

Rozgrzej olej i smaż grzyby, pędy bambusa, kasztany wodne i kapustę przez 3 minuty. Dodać imbir, wino lub sherry, 15ml/1 łyżka wody, sos sojowy i cukier i smażyć 1 minutę. Dodać bulion, sól i pieprz, doprowadzić do wrzenia, przykryć i dusić przez 3 minuty. Kaszę kukurydzianą wymieszać z pozostałą wodą, wymieszać na patelni i smażyć, mieszając, aż sos zgęstnieje. Ułóż sałatę na półmisku, a na wierzchu ułóż rybę. Polać warzywami i sosem i podawać udekorowane natką pietruszki.

Cała gotowana ryba

Nosisz 4

1 duży okoń lub podobna ryba

45 ml/3 łyżki mąki kukurydzianej (skrobi kukurydzianej)

45 ml/3 łyżki oleju arachidowego.

1 cebula, posiekana

2 ząbki czosnku, posiekane

50 g szynki pokrojonej w plasterki

100 g krewetek w skorupkach

15 ml/1 łyżka sosu sojowego

15 ml/1 łyżka wina ryżowego lub wytrawnego sherry

5 ml/1 łyżeczka cukru

5 ml/1 łyżeczka soli

Posyp rybę mąką kukurydzianą. Rozgrzej oliwę i podsmaż cebulę i czosnek, aż lekko się zarumienią. Dodaj rybę i smaż z obu stron, aż się zarumieni. Przełóż rybę na arkusz folii i połóż na niej szynkę i krewetki. Dodaj sos sojowy, wino lub sherry, cukier i sól na patelnię i dobrze wymieszaj. Polać rybę, zamknąć folię i piec w nagrzanym piekarniku w temperaturze 150-∞C/300-∞F/gaz, stopień 2, przez 20 minut.

Ryba sojowa na parze

Nosisz 4

1 duży okoń lub podobna ryba

sól

50 g/2 uncje/¬Ω szklanki zwykłej (uniwersalnej) mąki.

60 ml/4 łyżki oleju arachidowego (orzeszki ziemne).

3 plasterki korzenia imbiru, posiekane

3 cebule dymki (cebule), posiekane

250 ml/8 uncji/1 szklanka wody

45 ml/3 łyżki sosu sojowego

15 ml/1 łyżka wina ryżowego lub wytrawnego sherry

2,5 ml/¬Ω łyżeczki cukru

Oczyść rybę, obierz ją i natnij po przekątnej po obu stronach. Posypać solą i odstawić na 10 minut. Rozgrzej olej i smaż rybę do zrumienienia z obu stron, obracając raz i szczotkując olejem podczas smażenia. Dodać imbir, szczypiorek, wodę, sos sojowy, wino lub sherry i cukier, doprowadzić do wrzenia, przykryć i gotować przez 20 minut, aż ryba będzie ugotowana. Podawać na gorąco lub na zimno.

Ryba sojowa z sosem ostrygowym

Nosisz 4

1 duży okoń lub podobna ryba

sól

60 ml/4 łyżki oleju arachidowego (orzeszki ziemne).

3 cebule dymki (cebule), posiekane

2 plasterki korzenia imbiru, posiekane

1 ząbek czosnku, zmiażdżony

45 ml/3 łyżki sosu ostrygowego

30 ml/2 łyżki sosu sojowego

5 ml/1 łyżeczka cukru

250 ml/8 uncji/1 szklanka bulionu rybnego

Oczyść rybę, obierz ją i natnij kilka razy po przekątnej z każdej strony. Posypać solą i odstawić na 10 minut. Rozgrzewamy większość oleju i smażymy rybę z obu stron do zarumienienia, raz przewracając. W międzyczasie na osobnej patelni rozgrzej pozostały olej i podsmaż dymkę, imbir i czosnek, aż się lekko zrumienią. Dodaj sos ostrygowy, sos sojowy i cukier i smaż przez 1 minutę. Dodać bulion i doprowadzić do wrzenia. Powstałą mieszaninę wlać do zrumienionej ryby, ponownie zagotować, przykryć i gotować na wolnym ogniu przez ok

15 minut, aż ryba będzie ugotowana, obracając raz lub dwa razy w trakcie gotowania.

Parowany bas

Nosisz 4

1 duży okoń lub podobna ryba

2,25 l/4 punkty/10 szklanek wody

3 plasterki korzenia imbiru, posiekane

15 ml/1 łyżka soli

15 ml/1 łyżka wina ryżowego lub wytrawnego sherry

30 ml/2 łyżki oleju arachidowego.

Oczyść i umyj rybę, a następnie kilka razy połącz obie strony po przekątnej. W dużym rondlu zagotuj wodę i dodaj pozostałe składniki. Włóż rybę do wody, szczelnie przykryj, wyłącz ogień i odstaw na 30 minut, aż ryba będzie ugotowana.

Ryba duszona z grzybami

Nosisz 4

4 suszone grzyby chińskie

1 duży karp lub podobna ryba

sól

45 ml/3 łyżki oleju arachidowego.

2 cebule dymki (cebule), posiekane

1 plasterek korzenia imbiru, posiekany

3 ząbki czosnku, posiekane

100 g pędów bambusa pokrojonych w paski

250 ml/8 uncji/1 szklanka bulionu rybnego

30 ml/2 łyżki sosu sojowego

15 ml/1 łyżka wina ryżowego lub wytrawnego sherry

2,5 ml/¬Ω łyżeczki cukru

Grzyby namoczyć w ciepłej wodzie przez 30 minut, następnie odcedzić. Odrzuć łodygi i odetnij kapelusze. Włóż rybę po przekątnej kilka razy z obu stron, posyp solą i odstaw na 10 minut. Rozgrzej olej i smaż rybę z obu stron, aż lekko się zarumieni. Dodać cebulę dymkę, imbir i czosnek i smażyć przez 2 minuty. Dodać resztę składników, zagotować, przykryć

i gotuj na wolnym ogniu przez 15 minut, aż ryba będzie ugotowana, obracając raz lub dwa razy i od czasu do czasu mieszając.

Słodko kwaśna ryba

Nosisz 4

1 duży okoń lub podobna ryba

1 jajko, ubite

50 g/2 uncje mąki kukurydzianej (skrobi kukurydzianej)

olej do smażenia

Na sos:

15 ml/1 łyżka oleju arachidowego (orzeszki ziemne).

1 zielona papryka, pokrojona w paski

100 g kawałków ananasa z puszki w syropie

1 cebula, pokrojona w plasterki

100 g/4 uncji/¬Ω szklanki brązowego cukru

60 ml/4 łyżki bulionu z kurczaka

60 ml/4 łyżki octu winnego

15 ml/1 łyżka przecieru pomidorowego (pasty)

15 ml/1 łyżka mąki kukurydzianej (skrobi kukurydzianej)

15 ml/1 łyżka sosu sojowego

3 cebule dymki (cebule), posiekane

Oczyść rybę, usuń płetwy i głowę, jeśli wolisz. Panierujemy w roztrzepanym jajku, a następnie w mące kukurydzianej. Rozgrzej olej i smaż rybę, aż będzie ugotowana. Dobrze odcedź i trzymaj w cieple.

Aby przygotować sos, rozgrzej olej i smaż paprykę, odsączonego ananasa i cebulę przez 4 minuty. Dodać 30 ml/2 łyżki syropu ananasowego, cukier, bulion, ocet winny, przecier pomidorowy, mąkę kukurydzianą i sos sojowy, zagotować, mieszając. Gotuj, mieszając, aż sos się klaruje i zgęstnieje. Polej rybę i podawaj posypaną dymką.

Ryba faszerowana wieprzowiną

Nosisz 4

1 duży karp lub podobna ryba

sól

100 g mielonej (mielonej) wieprzowiny.

1 cebula dymka (cebula), posiekana

4 plasterki korzenia imbiru, posiekane

15 ml/1 łyżka mąki kukurydzianej (skrobi kukurydzianej)

60 ml/4 łyżki sosu sojowego

15 ml/1 łyżka wina ryżowego lub wytrawnego sherry

5 ml/1 łyżeczka cukru

75 ml/5 łyżek oleju arachidowego (orzeszki ziemne).

2 ząbki czosnku, posiekane

1 cebula, pokrojona w plasterki

300 ml/¬Ω na/1¬° szklanki wody

Rybę oczyść, umyj i posyp solą. Wymieszaj wieprzowinę, szczypiorek, odrobinę imbiru, mąkę kukurydzianą, 15 ml/1 łyżkę sosu sojowego, wino lub sherry i cukier i nadziewaj rybę. Rozgrzać olej i smażyć rybę z obu stron do lekkiego zarumienienia, następnie zdjąć z patelni i odsączyć większość oleju. Dodać resztę czosnku i imbiru i smażyć do lekkiego zrumienienia.

Dodać pozostały sos sojowy i wodę, doprowadzić do wrzenia i gotować na wolnym ogniu przez 2 minuty. Włóż rybę z powrotem na patelnię, przykryj i gotuj na wolnym ogniu przez około 30 minut, aż ryba będzie ugotowana, obracając raz lub dwa razy.

Duszony pikantny karp

Nosisz 4

1 duży karp lub podobna ryba

150 ml/¬° na/obfitą ¬Ω filiżankę oleju arachidowego

(orzeszków ziemnych).

15 ml/1 łyżka cukru

2 ząbki czosnku, drobno posiekane

100 g pędów bambusa, pokrojonych w plasterki

150 ml/¬° na/obfitą ¬Ω szklankę bulionu rybnego

15 ml/1 łyżka wina ryżowego lub wytrawnego sherry

15 ml/1 łyżka sosu sojowego

2 cebule dymki (cebule), posiekane

1 plasterek korzenia imbiru, posiekany

15 ml/1 łyżka soli octu winnego

Rybę oczyść, obierz i namocz w zimnej wodzie na kilka godzin. Odcedzić i osuszyć, a następnie naciąć kilka razy każdą stronę. Rozgrzej olej i smaż rybę z obu stron, aż będzie twarda. Zdjąć z patelni i odlać, zachowując całość oprócz 30 ml/2 łyżki oleju. Dodaj cukier na patelnię i mieszaj, aż masa będzie ciemna. Dodaj czosnek i pędy bambusa i dobrze wymieszaj. Dodaj pozostałe składniki, zagotuj, po czym włóż rybę z powrotem na patelnię, przykryj i gotuj na wolnym ogniu przez około 15 minut, aż ryba będzie ugotowana.

Połóż rybę na ogrzanym talerzu i polej sosem.

Sałatka Melonowa

Kwintesencja letniego dania, w połączeniu z grillowanymi mięsami i zimnym, pikantnym makaronem tworzy imponującą tajską kolację, którą można delektować się na świeżym powietrzu.

Części 4-6

składniki

6 szklanek różnorodnych kostek kantalupa

2 ogórki, obrane, przekrojone na pół, pozbawione nasion i pokrojone w plasterki

6-8 łyżek soku z cytryny

Skórka z 1 limonki

1/4 filiżanka miodu

1 serrano chile, pozbawione nasion i posiekane (aby uzyskać ostrzejszą sałatkę, zostaw nasiona)

1/4 łyżeczka soli

1. W dużej misce połącz kantalupę i ogórek.
2. Pozostałe składniki wymieszaj w małej misce. Wylać na owoce i dobrze wymieszać, aby je pokryły.

3. Podawaj natychmiast. Jeśli wolisz ostrzejszy smak, odstaw sałatkę na maksymalnie 2 godziny, aby mogła rozwinąć się smak chili.

Gorąca i kwaśna wołowina

Słodki, ciemny sos sojowy zawierający melasę nadaje temu daniu inny smak, więc powstrzymaj się od chęci zastąpienia tradycyjnej soi, która nie jest tak bogata i znacznie bardziej słona.

Części 1-2

składniki

1 łyżka soku z cytryny

1 łyżka sosu rybnego

1 łyżka ciemnego, słodkiego sosu sojowego

3 łyżki cebuli, posiekanej

1 łyżeczka miodu

1 łyżeczka suszonego chili w proszku

1 zielona cebula, obrana i pokrojona w cienkie plasterki

1 łyżeczka posiekanej kolendry

11/2 funta steku z polędwicy wołowej

Sól i pieprz do smaku

1. Przygotuj sos, dobrze łącząc pierwsze osiem składników; odłożyć na bok.

2. Dopraw stek solą i pieprzem, a następnie grilluj lub grilluj do pożądanego stopnia wysmażenia. Zdejmij stek z grilla, przykryj folią i odstaw na 5–10 minut.

3. Stek pokroić cienko, przecinając włókna.

4. Ułóż kawałki na półmisku lub na 1 lub 2 talerzach. Połóż sos na wierzchu. Podaje się je z ryżem i dodatkiem warzyw.

Pieczeń wołowa z miętą

Rano wrzuć ryż do wolnowaru, a w ciągu kilku minut możesz zjeść obiad na stole dzięki temu szybkiemu, łatwemu i przyjemnemu dla tłumu smażeniu.

Części 4-6

składniki

7–14 (do smaku) chili serrano, pozbawionych nasion i grubo posiekanych

1/4 szklanka czosnku, posiekanego

1/4 szklanka posiekanej żółtej lub białej cebuli

1/4 szklanka oleju roślinnego

1 kg stek z flanki, pokrojony w poprzek włókien w cienkie paski

3 łyżki sosu rybnego

1 łyżka cukru

1/2–3/4 szklanki wody

1/2 szklanka posiekanych liści mięty

1. Za pomocą moździerza i tłuczka lub robota kuchennego zmiel razem chili, czosnek i cebulę.

2. Rozgrzej olej na średnim ogniu w woku lub dużej patelni. Dodaj mieszaninę zmielonego chili do oleju i smaż przez 1 do 2 minut.

3. Dodaj wołowinę i smaż, aż zacznie się rumienić.

4. Dodać pozostałe składniki, dostosowując ilość wody w zależności od tego, jak gęsty sos chcemy uzyskać.

5. Podawać z dużą ilością ryżu jaśminowego.

Wieprzowina z czosnkiem i czarnym pieprzem

Jeśli go nie posiadasz, zainwestuj w moździerz i tłuczek — narzędzie, które sprawi, że ucieranie czosnku zgodnie z tym przepisem stanie się dziecinnie proste i pozwoli uwolnić intensywny smak ziół i przypraw.

Usługi 2

składniki

10–20 ząbków czosnku, rozgniecionych

2–2 1/2 łyżeczki czarnego pieprzu, grubo zmielonego

4 łyżki oleju roślinnego

1 polędwiczka wieprzowa, pozbawiona tłuszczu i pokrojona w medaliony o grubości około 1/4 cala

1/4 filiżanka słodkiego czarnego sosu sojowego

2 łyżki brązowego cukru

2 łyżki sosu rybnego

1. Umieść czosnek i czarny pieprz w małym robocie kuchennym i krótko zmiksuj, aby uzyskać grubą pastę; odłożyć na bok.

2. Rozgrzej olej w woku lub dużej patelni na średnim ogniu. Gdy oliwa się rozgrzeje, dodaj pastę czosnkowo-pieprzową i smaż, aż czosnek stanie się złocisty.

3. Zwiększ ogień do wysokiego i dodaj medaliony wieprzowe; smażyć przez 30 sekund.

4. Dodaj sos sojowy i brązowy cukier, mieszaj, aż cukier się rozpuści.

5. Dodaj sos rybny i kontynuuj gotowanie, aż wieprzowina będzie ugotowana, około 1 do 2 minut.

Wołowina z cynamonem

Wykazano, że cynamon ma pozytywny wpływ na cholesterol i cukrzycę typu 2. Ma również właściwości przeciwzapalne, więc dodaj przyprawę do wołowiny i uzyskaj korzyści zdrowotne!

Nosisz 4

składniki

11/2 litra wody

2 łyżki cukru

2 całe anyże gwiazdkowate

5 łyżek sosu sojowego

1 ząbek czosnku, zmiażdżony

2 łyżki słodkiego sosu sojowego

1 (2-calowy) kawałek laski cynamonu

5 liści kolendry

1 łodyga selera, pokrojona w plasterki

1 funt polędwicy wołowej, pozbawionej całego tłuszczu i pokrojonej w 1-calową kostkę

1 liść laurowy

1. Wlać wodę do dużego garnka na zupę i doprowadzić do wrzenia. Zmniejsz ogień do małego i dodaj pozostałe składniki.

2. Gotować na wolnym ogniu, w razie potrzeby dodając więcej wody, przez co najmniej 2 godziny lub do momentu, aż wołowina będzie całkowicie miękka. Jeśli to możliwe, przechowuj duszoną wołowinę w lodówce przez noc.

3. Aby podać, umieść makaron lub ryż na dnie 4 misek zupy. Dodać kawałki wołowiny i zalać bulionem. W razie potrzeby posyp posiekaną kolendrą lub pokrojoną w plasterki zieloną cebulą. Jako dip do wołowiny skrop wybranym sosem octowo-chili.

Kurczak Z Imbirem

Świeżo starty imbir to zawsze najlepszy wybór, jeśli chcesz uzyskać najjaśniejszy smak kuchni tajskiej, ale możesz przedłużyć żywotność korzeni w nieskończoność, czyszcząc, siekając i mocząc je w wódce.

Usługi 2

składniki

2 łyżki sosu rybnego

2 łyżki ciemnego sosu sojowego

2 łyżki sosu ostrygowego

3 łyżki oleju roślinnego

1 łyżka czosnku, posiekanego

1 cała pierś z kurczaka, bez kości i skóry, pokrojona na małe kawałki

1 szklanka pokrojonych w plasterki grzybów domowych

3 łyżki startego imbiru

Szczypta cukru

3 łyżki cebuli, posiekanej

2–3 papryczki chili habanero lub ptasie oko

Ryż jaśminowy, gotowany zgodnie z instrukcją na opakowaniu
3 zielone cebule, przycięte i pokrojone na 1-calowe kawałki
Kolendra do smaku

1. W małej misce wymieszaj sos rybny, sojowy i ostrygowy; odłożyć na bok.
2. Rozgrzej olej w dużym woku, aż będzie bardzo gorący. Dodaj czosnek i kurczaka i smaż, aż kurczak zacznie zmieniać kolor.
3. Dodaj zarezerwowany sos i gotuj, aż zacznie wrzeć, ciągle mieszając.
4. Dodaj grzyby, imbir, cukier, cebulę i chili; gotować na wolnym ogniu, aż kurczak będzie ugotowany, około 8 minut.
5. Aby podać, połóż kurczaka na ryżu jaśminowym i posyp cebulą i kolendrą.

Kurczak z bazylią

Aby uzyskać odważniejsze danie w smaku, zamiast słodkiej bazylii użyj tajskiej bazylii (którą można rozpoznać po fioletowej łodydze). W tej odmianie wyczujesz smaki i aromaty lukrecji, cynamonu i mięty.

Nosisz 4

składniki

2 łyżki sosu rybnego

11/2 łyżki sosu sojowego

1 łyżka wody

11/2 łyżeczki cukru

2 całe piersi z kurczaka, bez kości i skóry, pokrojone w 1-calową kostkę

2 łyżki oleju roślinnego

1 duża cebula, pokrojona w cienkie plasterki

3 tajskie chilli, pozbawione nasion i pokrojone w cienkie plasterki

3 ząbki czosnku, posiekane

11/2 szklanki posiekanych liści bazylii, podzielonych

1. W średniej misce wymieszaj sos rybny, sos sojowy, wodę i cukier. Dodaj kostki kurczaka i wymieszaj, żeby się pokryły. Pozostawić do marynowania na 10 minut.

2. Na dużej patelni lub woku rozgrzej olej na średnim ogniu. Dodać cebulę i smażyć przez 2 do 3 minut. Dodaj chili i czosnek i kontynuuj smażenie przez kolejne 30 sekund.

3. Za pomocą łyżki cedzakowej wyjmij kurczaka z marynaty i dodaj na patelnię (marynatę zachowaj). Smażyć, aż będzie prawie ugotowany, około 3 minut.

4. Dodaj zarezerwowaną marynatę i gotuj przez kolejne 30 sekund. Zdejmij patelnię z ognia i dodaj 1 szklankę bazylii.

5. Udekoruj pozostałą bazylią i podawaj z ryżem.

Kurczak z czarnym pieprzem i czosnkiem

Gotowanie według tego przepisu dla całej rodziny to świetny sposób na delikatne wprowadzenie jej w tajskie smaki. Podawaj z ryżem jaśminowym i kilkoma małymi kawałkami świeżego mango, aby naprawdę je podbić!

Części 4-6

składniki

1 łyżka całych ziaren czarnego pieprzu

5 ząbków czosnku przekrojonych na pół

2 kg piersi z kurczaka bez kości i skóry, pokrojonej w paski

1/3 szklanka sosu rybnego

3 łyżki oleju roślinnego

1 łyżeczka cukru

1. Za pomocą moździerza i tłuczka lub robota kuchennego połącz ziarna czarnego pieprzu z czosnkiem.

2. Umieść paski kurczaka w dużej misce do miksowania. Dodaj mieszaninę czosnku i papryki oraz sos rybny i wymieszaj, aby połączyć.

3. Przykryj naczynie, wstaw do lodówki i pozostaw do marynowania na 20–30 minut.

4. Rozgrzej olej roślinny na średnim ogniu w woku lub patelni. Gdy będzie gorący, dodaj mieszaninę kurczaka i smaż, aż będzie ugotowana, około 3 do 5 minut.

5. Wymieszaj cukier. Dodaj dodatkowy cukier lub sos rybny do smaku.

Kurczak Kokosowo-Chili

Zapomnij o tajskim wynosie! Kiedy tworzysz to od podstaw we własnej kuchni, nabiera to zupełnie nowego wymiaru. Jeśli chodzi o smak tropików, tej mieszanki składników nie da się przebić.

2-3 porcje

składniki

2–4 papryki serrano, usunięte łodygi i nasiona

1 łodyga trawy cytrynowej, wewnętrzna część grubo posiekana

2 (2 cale długości i 1/2 cala szerokości) paski skórki limonki

2 łyżki oleju roślinnego

1/2 szklanka mleka kokosowego

1 cała pierś z kurczaka, bez kości i skóry, pokrojona w cienkie paski

2-4 łyżki sosu rybnego

10–15 liści bazylii

1. Umieść papryczki chilli, trawę cytrynową i skórkę z cytryny w robocie kuchennym i miksuj aż do zmielenia.

2. Rozgrzej olej na średnim ogniu w woku lub dużej patelni. Dodaj mieszankę chili i smaż przez 1 do 2 minut.

3. Dolać mleko kokosowe i gotować przez 2 minuty.

4. Dodaj kurczaka i gotuj, aż kurczak będzie ugotowany, około 5 minut.

5. Zmniejsz ogień do małego, dodaj sos rybny i liście bazylii do smaku.

6. Podawać z dużą ilością ryżu jaśminowego.

Filety limonkowo-imbirowe

Ten obiad jest pełen wartości odżywczych i smaku, a jego przygotowanie nie jest ciężarem. Aby przygotować łatwo łuszczący się filet, należy uważać na brojlery, aby się nie rozgotować.

2-4 porcje

składniki

4 łyżki niesolonego masła o temperaturze pokojowej

2 łyżeczki skórki z limonki

1/2 łyżeczka mielonego imbiru

1/2 łyżeczka soli

4 filety z ryby np. siei, okonia lub szczupaka

Sól i świeżo zmielony czarny pieprz

1. Rozgrzej brojler.

2. W małej misce wymieszaj masło, skórkę z cytryny, imbir i 1/2 łyżeczki soli.

3. Filety lekko dopraw solą i pieprzem i ułóż na blasze do pieczenia.

4. Gotuj przez 4 minuty. Posmaruj każdy filet odrobiną masła limonkowo-imbirowego i kontynuuj smażenie przez 1 minutę lub do momentu, aż ryba będzie upieczona według własnych upodobań.

Szybka azjatycka ryba z grilla

Jeśli zależy Ci na zrównoważonym rozwoju, możesz rozważyć źródło pochodzenia ryb. Według Funduszu Obrony Środowiska najlepszym wyborem jest makrela, a następnie czarny okoń; Okoń chilijski znajduje się na liście najgorszych gospodarek.

Części 4-6

składniki

1 cała ryba, np. okoń lub makrela, oczyszczona

4 łyżki posiekanej kolendry

3 łyżki posiekanego czosnku, podzielone

1 łyżeczka świeżo zmielonego czarnego pieprzu

3 łyżki soku z cytryny

1 łyżka papryczki jalapeño, pokrojonej w plasterki

2 łyżeczki brązowego cukru

1. Szybko opłucz rybę pod zimną wodą. Osuszyć papierowymi ręcznikami. Rybę ułożyć na dużym arkuszu folii aluminiowej.

2. Umieść kolendrę, 2 łyżki czosnku i czarny pieprz w robocie kuchennym i zmiksuj na gęstą pastę.

3. Natrzyj pastą całą rybę, zarówno wewnątrz, jak i na zewnątrz. Rybę szczelnie zawiń w folię.

4. Aby przygotować sos, włóż pozostały czosnek, sok z limonki, papryczki jalapeno i brązowy cukier do robota kuchennego i pulsuj, aż się połączą.

5. Połóż rybę na przygotowanym grillu i smaż przez 5 do 6 minut z każdej strony lub do momentu, aż miąższ stanie się nieprzezroczysty po przekłuciu czubkiem noża.

6. Podawaj rybę z sosem.

Owoce morza są smażone

Nic nie przebije świeżych ryb, ale opłacalne jest robienie zapasów, gdy Twoje ulubione są w promocji, zamrażanie i otwieranie, gdy masz ochotę na aromatyczny narybek.

2-4 porcje

składniki

3 łyżki oleju roślinnego

3 łyżeczki czosnku, posiekanego

2 szalotki, posiekane

1 łodyga trawy cytrynowej, posiniaczona

1/4 szklanka posiekanej bazylii

1 opakowanie pędów bambusa, opłukanych i odsączonych

3 łyżki sosu rybnego

Szczypta brązowego cukru

1 kilogram oczyszczonych świeżych krewetek, przegrzebków lub innych owoców morza

Ryż gotowany zgodnie z instrukcją na opakowaniu

1. Na patelni lub woku rozgrzej olej na dużym ogniu. Dodaj czosnek, szalotkę, trawę cytrynową i bazylię i smaż przez 1 do 2 minut.

2. Zmniejsz ogień, dodaj pozostałe składniki i smaż, aż owoce morza będą gotowe według twoich upodobań, około 5 minut.

3. Podawać z ryżem.

Przegrzebki bazyliowe

Liście limonki kaffir dodają wyjątkowej kwiatowej nuty każdemu tajskiemu daniu. Jeśli nie możesz ich znaleźć, możesz użyć kombinacji skórki limonki i liści laurowych julienne, aby uzyskać ścisły substytut.

2-4 porcje

składniki

2 łyżki oleju roślinnego

3 ząbki czosnku, posiekane

3 liście limonki kaffir, posiekane w julienne

1/2 muszle laurowe, oczyszczone

1 puszka (14 uncji) grzybów, odsączonych

¼ szklanka posiekanych pędów bambusa

3 łyżki sosu ostrygowego

15–20 listków świeżej bazylii

1. W woku lub na patelni rozgrzej olej na dużym ogniu. Dodaj czosnek i liście limonki i smaż, aż zacznie wydzielać zapach, około 15 sekund.

2. Dodaj małże, grzyby, pędy bambusa i sos ostrygowy; kontynuuj smażenie przez około 4 do 5 minut lub do momentu, aż przegrzebki będą gotowe według twoich upodobań.

3. Wymieszaj liście bazylii i natychmiast podawaj.

Wegetariańska smażona potrawa

Użyj tych lub innych warzyw, w zależności od tego, co masz pod ręką, ale nie usuwaj etapu przygotowania sosu – dzięki temu jest on tak cudownie pyszny.

Porcja dla 4-6 osób jako danie główne

składniki

1-2 łyżki oleju roślinnego

2 szklanki małych kawałków tofu

2 łyżki czosnku, posiekanego

2 łyżki startego imbiru

4 łyżki tajskiego chilli, pozbawionego nasion i pokrojonego w plasterki

4 łyżki sosu sojowego

2 łyżki ciemnego, słodkiego sosu sojowego

1 mała cebula, pokrojona w plasterki

1/4 filiżanka groszku śnieżnego

1/4 szklanka selera, pokrojonego w cienkie plasterki

1/4 szklanka kasztanów wodnych

1/4 szklankę małych kawałków papryki

1/4 szklanka grzybów, pokrojona w plasterki

1/4 Zbierz różyczki kalafiora

1/4 Zbierz różyczki brokułów

1/4 filiżanka główek szparagów

1 łyżka skrobi kukurydzianej rozpuścić w niewielkiej ilości wody

1/4 filiżanka kiełków fasoli

Ryż gotowany zgodnie z instrukcją na opakowaniu

1. Rozgrzej 1 łyżkę oleju na dużej patelni lub woku na średnim ogniu. Dodaj tofu i smaż, aż się zrumieni. Przełóż tofu na ręczniki papierowe, aby je odsączyć.

2. W razie potrzeby dodaj dodatkową oliwę na patelnię i podsmaż czosnek, imbir i chili, aby uwolnić ich zapach, około 2 do 3 minut. Wymieszaj sos sojowy i zwiększ ogień do dużego.

3. Dodaj zarezerwowane tofu i wszystkie warzywa z wyjątkiem kiełków fasoli; smażyć przez 1 minutę.

4. Dodaj mieszaninę skrobi kukurydzianej i smaż przez kolejną minutę lub do momentu, aż warzywa będą ugotowane, a sos lekko zgęstnieje.

5. Dodać kiełki fasoli, lekko wymieszać, aby je podgrzać.

6. Podawać z ryżem.

Pieczony Kalafior

Nie ma nic prostszego! Marynata ożywia ziemisty kalafior i zachęca do spożywania większej ilości tego pożywnego i niedocenianego warzywa krzyżowego.

Porcje 6-8

składniki

1 główka kalafiora, podzielona na różyczki (jeśli są duże, przekrój je na pół)

½ szklanka marynaty lub sosu do wyboru

1. Umieść różyczki kalafiora w dużej torbie z zamkiem błyskawicznym i zalej je marynatą; pozostawić w lodówce na 4-6 godzin.
2. Rozgrzej piekarnik do 500 stopni.
3. Umieść różyczki kalafiora na patelni. Piec przez około 15 minut lub do miękkości, obracając po 7 do 8 minutach.

Okra smażona po tajsku

Mąka z tapioki to lekko słodka, bezziarnista, skrobiowa biała mąka wytwarzana z korzenia manioku. Powszechnie stosowany jako środek zagęszczający, służy do tworzenia lekkiego ciasta na tę wyjątkową smażoną przekąskę.

Wychodzi około 20 sztuk

składniki

1/3 szklanka mąki uniwersalnej

1/2 szklanka mąki z tapioki

1 łyżeczka proszku do pieczenia

1/2 kubek wody

1 kilogram małej okry, pokrojonej

1 szklanka oleju roślinnego

1/2 filiżanka wybranego sosu chili

1. W średniej wielkości misce wymieszaj mąkę, sodę oczyszczoną i wodę, aby uzyskać ciasto. Dodaj kawałki okry.

2. Rozgrzej olej roślinny na patelni lub woku na dużym ogniu. (Powinno być wystarczająco gorące, aby próbny kawałek ciasta natychmiast urósł.)

3. Dodaj posiekaną okrę, po kilka na raz i smaż na złoty kolor.

4. Za pomocą łyżki cedzakowej wyjmij okrę na papierowe ręczniki, aby je odsączyć.

5. Podawaj na gorąco z ulubionym sosem chili.

Pieczony groszek i kiełki fasoli

Ciesz się świeżym, chrupiącym smakiem tego nieskażonego dania, które pięknie komponuje się z brązowym ryżem jaśminowym i mielonymi orzeszkami ziemnymi, tworząc wegetariańskie danie główne.

Części 4-6

składniki

2 łyżki oleju roślinnego

1 mała cebula, pokrojona w cienkie plasterki

1 (1-calowy) kawałek imbiru, obrany i posiekany

Szczypta białego pieprzu

1 łyżka sosu sojowego

½ groszek cukrowy, posiekany

1 kilogram kiełków fasoli, dobrze opłucz i w razie potrzeby przytnij

Sól i cukier do smaku

1. Podgrzej olej roślinny na średnim ogniu na dużej patelni.
2. Dodać cebulę i imbir i smażyć przez 1 minutę.

3. Wymieszaj biały pieprz i sos sojowy.

4. Dodaj groszek cukrowy i gotuj, ciągle mieszając, przez 1 minutę.

5. Dodać kiełki fasoli i smażyć przez kolejną 1 minutę, ciągle mieszając.

6. Dodaj maksymalnie 1/2 łyżeczki soli i dużą szczyptę cukru, aby dostosować równowagę sosu. Natychmiast podawaj.

Pad Thai

W Tajlandii to wszechobecne danie jest spożywane jako lekki posiłek i jest ulubionym daniem na nocnych targach. Potencjalnie nieznanym składnikiem jest koncentrat tamaryndowca, który pochodzi ze strąka drzewa pochodzącego z Afryki, ale obecnie uprawianego głównie w Indiach.

2-4 porcje

składniki

8 uncji makaronu ryżowego

2 łyżki oleju roślinnego

5–6 ząbków czosnku, drobno posiekanych

2 łyżki szalotki, posiekanej

½ filiżanka gotowanej sałatki z krewetek

¼ szklanka sosu rybnego

¼ szklanka brązowego cukru

6–8 łyżek koncentratu tamaryndowca

¼ szklanka szczypiorku, posiekanego

½ filiżanka prażonych, posiekanych orzeszków ziemnych

1 średnie jajko, ubite

1 szklanka kiełków fasoli

Uszczelka:

1 łyżka soku z cytryny

1 łyżka koncentratu tamaryndowca

1 łyżka sosu rybnego

½ filiżanka kiełków fasoli

½ szklanka szczypiorku, posiekanego

½ filiżanka prażonych orzeszków ziemnych, grubo zmielonych

1 limonka pokrojona w plasterki

1. Makaron namoczyć w wodzie o temperaturze pokojowej na 30 minut lub do miękkości. Odcedź i odłóż na bok.

2. Rozgrzej olej roślinny w woku lub patelni na średnim ogniu. Dodać czosnek i szalotkę i chwilę smażyć, aż zaczną zmieniać kolor.

3. Dodaj zarezerwowany makaron i wszystkie pozostałe składniki oprócz jajka i kiełków fasoli i smaż, aż się ugotują.

4. Ciągle mieszając, powoli wlewaj ubite jajko.

5. Dodaj kiełki fasoli i gotuj nie dłużej niż 30 sekund.

6. W małej misce wymieszaj wszystkie składniki dekoracji z wyjątkiem kawałków limonki.

7. Przed podaniem ułóż Pad Thai na półmisku. Na wierzch udekoruj i otocz plasterkami limonki.

Makaron na patelni

To chrupiące danie jest idealnym podłożem do marynowanego mięsa lub warzyw gotowanych na parze. Dostosuj pastę chili-czosnkową w zależności od tego, ile smaku chcesz dodać!

Porcje 6-8

składniki

¾funt świeżego makaronu lo mein lub makaronu z włosami anioła

¼szklanka posiekanego szczypiorku

2 łyżki (lub według smaku) przygotowanej pasty chili-czosnkowej

3 łyżki oleju roślinnego, podzielone

Sól dla smaku

1. Makaron gotuj w dużym garnku nie dłużej niż 2 do 3 minut. Odcedzić, przepłukać pod zimną wodą i ponownie odcedzić.

2. Do makaronu dodać szczypiorek, pastę chili, 1 łyżkę oleju i sól; wymieszać i doprawić przyprawami.

3. Na 10-calowej patelni o grubym dnie rozgrzej pozostały olej na średnim ogniu. Gdy będzie gorące, dodać mieszankę makaronową, równomiernie ją rozprowadzając. Wciśnij makaron na patelnię grzbietem szpatułki. Gotuj przez około 2 minuty. Zmniejsz ogień i kontynuuj gotowanie, aż makaron ładnie się zarumieni. Obróć makaron w jednym kawałku. Kontynuuj smażenie, aż się zrumieni, w razie potrzeby dodając dodatkowy olej.

4. Przed podaniem pokrój makaron w plasterki.

Makaron wegetariański z sezamem

Chociaż możesz użyć do tego zwykłego makaronu jajecznego, otrzymasz inne danie, szukając azjatyckiego makaronu jajecznego, który nie jest szeroki i płaski, ale cienki i nieco gęstszy.

2-4 porcje

składniki

2 łyżki oleju roślinnego

2 ząbki czosnku, posiekane

2 szklanki brokułów, pokrojonych na małe kawałki

1 czerwona papryka pozbawiona nasion i pokrojona w paski

2 łyżki wody

8 uncji makaronu jajecznego

4 uncje tofu, pokrojonego w małe kostki

1 łyżka oleju sezamowego

2-3 łyżki sosu sojowego

2-3 łyżki przygotowanego sosu chili

3 łyżki nasion sezamu

1. Rozgrzej olej na dużej patelni lub woku na średnim ogniu. Dodaj czosnek i smaż na złoty kolor, około 2 minut.

2. Dodaj brokuły i czerwoną paprykę i smaż przez 2 do 3 minut. Dodaj wodę, przykryj i pozostaw warzywa na parze do miękkości, około 5 minut.

3. Zagotuj duży garnek wody. Dodaj makaron i gotuj aż będzie al dente; przeciek

4. Podczas gdy makaron się gotuje, dodaj pozostałe składniki do mieszanki brokułów. Zdjąć z ognia, dodać makaron i wymieszać.

Makaron z kwiatami limonki

W tym wyjątkowym daniu śpiewa hybryda smaków tajskich i włoskich. Jadalne kwiaty, takie jak nasturcje i Johnny Jump-Up, są łatwe w uprawie i często można je kupić na lokalnym stoisku.

Nosisz 4

składniki

8 uncji pasty do włosów anioła

1 łyżka solonego masła

2-3 łyżki soku z cytryny

4 uncje startego parmezanu

Płatki róż lub inne organiczne kwiaty jadalne

Plasterki limonki

Czarny pieprz

1. W dużym garnku zagotuj wodę na dużym ogniu. Dodać makaron i gotować zgodnie z instrukcją na opakowaniu; przeciek

2. Makaron wymieszać z masłem, sokiem z cytryny i parmezanem.

3. Do podania udekoruj płatkami lub kwiatami róż i kawałkami limonki. Dodaj czarny pieprz do stołu.

Makaron brokułowy z czosnkiem i soją

Aby uzyskać bardziej sycący posiłek, dodaj więcej ulubionych zielonych warzyw i cienko pokrojoną smażoną pierś z kurczaka. (Pamiętaj, aby odpowiednio zwiększyć ilość składników sosu!)

2-4 porcje

składniki

1 kilogram brokułów, podzielonych na małe różyczki

16 uncji makaronu ryżowego

1-2 łyżki oleju roślinnego

2 ząbki czosnku, posiekane

2 łyżki sosu sojowego

1 łyżka słodkiego sosu sojowego

1 łyżka cukru

ostry sos

Sos rybny

plasterki limonki

1. Doprowadź garnek z wodą do wrzenia na dużym ogniu. Dodaj brokuły i gotuj, aż będą miękkie i chrupiące lub tak jak lubisz. Odcedź i odłóż na bok.

2. Makaron ryżowy namoczyć w gorącej wodzie do miękkości, około 10 minut.

3. Na dużej patelni rozgrzej olej roślinny na średnim ogniu. Dodaj czosnek i smaż na złoty kolor. Dodaj sos sojowy i cukier, mieszaj, aż cukier całkowicie się rozpuści.

4. Dodaj zarezerwowany makaron, mieszaj, aż będzie dobrze pokryty sosem. Dodać brokuły i wymieszać.

5. Podawać natychmiast z ostrym sosem, sosem rybnym i plasterkami limonki.

Podstawowy lepki ryż

W Tajlandii ten produkt jest gotowany na parze w dużych lejkach; tutaj użyjesz parowca. Można go znaleźć na każdym rynku azjatyckim i nazywany jest także „ryżem słodkim", „ryżem mochi" lub „ryżem lepkim".

2-4 porcje

składniki

1 szklanka kleistego ryżu

Woda

1. Ryż włóż do miski, zalej całkowicie wodą i odstaw na noc. Odcedzić przed użyciem.

2. Wyłóż parowiec lub durszlak wilgotną szmatką. (Zapobiega to wypadaniu ziaren ryżu przez otwory w durszlaku.)

3. Rozłóż ryż na szmatce tak równomiernie, jak to możliwe.

4. Zagotuj wodę w rondlu z pokrywką. Umieść kosz nad wrzącą wodą, upewniając się, że spód kosza nie dotyka wody. Szczelnie przykryj i odstaw na 25 minut.

Dalekowschodni smażony ryż

Zdecyduj się na wegetariański sos rybny i dodaj jajko, aby stworzyć wersję wegańską. Możesz też sprawić, że będzie mięsisty, dodając kurczaka lub mieloną wołowinę. Wariacje są nieograniczone!

Części 4-6

składniki

2 łyżki sosu rybnego

1 1/2 łyżki octu ryżowego

2 łyżki cukru

2 1/2 łyżki oleju roślinnego

2 jajka, ubite

1 zielona cebula, pokrojona w cienkie plasterki

2 łyżki czosnku, posiekanego

1 łyżeczka suszonych płatków czerwonego chili

2 duże marchewki, obrane i grubo posiekane

2 szklanki kiełków fasoli, przyciętych w razie potrzeby

5 szklanek jednodniowego białego ryżu długoziarnistego, z połamanymi grudkami

¼ filiżanka posiekanych liści mięty lub kolendry

¼ filiżanka prażonych, posiekanych orzeszków ziemnych

1. Połącz sos rybny, ocet ryżowy i cukier w małej misce; odłożyć na bok.
2. W woku lub dużej patelni rozgrzej olej na średnim ogniu. Dodaj jajka i smaż, aż się wymieszają.
3. Dodaj szalotkę, płatki czosnku i pieprzu i kontynuuj smażenie przez 15 sekund lub do momentu, aż zaczną pachnieć.
4. Dodaj marchewkę i kiełki fasoli; smaż, aż marchewka zacznie mięknąć, około 2 minut.
5. Dodaj ryż i gotuj przez 2 do 3 minut lub do momentu, aż się rozgrzeje.
6. Wymieszaj mieszaninę sosu rybnego i dodaj smażony ryż, mieszając, aż będzie równomiernie pokryty.
7. Przed podaniem udekoruj ryż posiekaną miętą lub kolendrą i posiekanymi orzechami laskowymi.

Imbirowy Ryż

Słodko-korzenny smak świeżych korzeni utrzymuje się i staje się bardziej złożony, gdy gotuje się je w naczyniu. Pobudzi Twoje kubki smakowe i doda Ci energii!

Części 4-6

składniki

2 łyżki oleju roślinnego

1 (1/2 cala) korzeń imbiru, obrany i pokrojony w cienkie plasterki

1 łodyga trawy cytrynowej, pokrojona w krążki (tylko miękka część wewnętrzna)

2–3 zielone cebule, pokrojone w krążki

1 czerwona ostra papryka, bez pestek i posiekana

1 1/2 szklanki ryżu długoziarnistego

Szczypta brązowego cukru

Końcówka noża solnego

Sok z 1/2 limonki

2 3/4 szklanki wody

1. W średniej wielkości garnku rozgrzej olej na średnim ogniu. Dodaj słodki korzeń, trawę cytrynową, szalotkę i chili; smażyć przez 2 do 3 minut.

2. Dodaj ryż, brązowy cukier, sól i sok z cytryny i smaż jeszcze przez kolejne 2 minuty. Dodaj wodę do garnka i zagotuj.

3. Zmniejsz ogień, przykryj szczelną pokrywką i gotuj na wolnym ogniu przez 15 do 20 minut, aż płyn zostanie wchłonięty.

Tropikalny ryż z kokosem

Ryż jest podstawą wielu tajskich deserów i nie inaczej jest w tym przypadku. Połączenie kokosa i owoców takich jak ananas, mango, banan czy gujawa sprawia, że jest kremowy i słodki.

Porcje 6-8

składniki

2 szklanki ryżu krótkoziarnistego

2 szklanki wody

1 szklanka kremu kokosowego

1/4 filiżanka prażonych kokosów (patrz pasek boczny)

1/2 filiżanka drobno posiekanych owoców tropikalnych według własnego uznania

1. W średnim rondlu umieść ryż, wodę i śmietankę kokosową i dobrze wymieszaj. Doprowadzić do wrzenia na średnim ogniu. Zmniejsz ogień i przykryj szczelną pokrywką. Gotuj przez 15 do 20 minut lub do momentu wchłonięcia całego płynu.

2. Pozostaw ryż na 5 minut, aby odpoczął od ognia.

3. Nadmuchaj ryż i wymieszaj z prażonym kokosem i owocami.

Mangowy głupek

Głupiec to zazwyczaj połączenie ciężkiej śmietanki i puree owocowego. Owoce ledwo wtapiają się w krem, pozostawiając lekkie smugi. Ten „budyń" dla dorosłych jest prosty, łatwy i daje prawdziwą przyjemność.

Części 4-6

składniki

2 dojrzałe mango, obrane i wypestkowane

2 łyżki soku z cytryny

1/4 szklanka cukru

1 szklanka gęstej śmietanki

1 łyżka cukru pudru

Krystalizowany imbir (opcjonalnie)

liście mięty (opcjonalnie)

1. Włóż mango do robota kuchennego z sokiem z cytryny i cukrem. Puree aż będzie gładkie.
2. W dużej misce ubij śmietankę z cukrem pudrem na sztywną masę.

3. Dokładnie wymieszaj puree z mango z gęstą śmietaną.

4. Podaje się go w szklankach udekorowanych krystalizowanym imbirem lub gałązkami mięty, według uznania.

Lody arbuzowe

Schłodź szklanki, aby uzyskać efekt mrozu i zapobiec topnieniu lodu po goleniu. Wypróbuj różne tradycyjne odmiany arbuza, aby uzyskać nieoczekiwane pomarańczowe lub żółte lody!

Porcje 6-8

składniki

1/3 kubek wody

1/2 szklanka cukru

1 kawałek (3 funty) arbuza, pozbawionego skórki, pozbawionego gniazd nasiennych i pokrojonego na małe kawałki (zostaw trochę do dekoracji, jeśli chcesz)

1 łyżka soku z cytryny

gałązki mięty (opcjonalnie)

1. Wodę i cukier umieścić w małym rondlu i doprowadzić do wrzenia. Zdjąć z ognia i ostudzić do temperatury pokojowej, często mieszając. Umieść patelnię w misce z lodem i kontynuuj mieszanie syropu, aż ostygnie.

2. Do blendera włóż arbuza, syrop i sok z cytryny i zmiksuj na gładkie puree.

3. Przelej puree przez sito do 9-calowego naczynia do pieczenia. Przykryj patelnię folią.

4. Zamrozić puree na 8 godzin lub do momentu zamrożenia na stałe.

5. Przed podaniem zeskrob zamrożone puree zębami widelca. Resztki włóż do ładnych szklanych szklanek i udekoruj małym kawałkiem arbuza lub gałązkami mięty.

Lekka tajska mrożona herbata

Tajska mrożona herbata w połowie czasu – czego nie kochać? Dodaj porcję mleka lub mleka skondensowanego, aby było wyjątkowo kremowe i pyszne.

Na 1 filiżankę

składniki

2 łyżki cukru

1–2 łyżki tajskich liści herbaty

1 szklanka gorącej wody

lód

1. Umieść cukier w dużej szklance.
2. Włóż liście herbaty do kulki i włóż do szklanki.
3. Dodaj gorącą wodę. Pozostaw do zaparzenia, aż uzyskasz preferowaną moc.
4. Mieszaj, aby rozpuścić cukier i dodaj lód.

Azjatyckie paluszki marchewkowe

Nie ma pięciu przypraw? Bez problemu! Możesz zrobić własny, łącząc ziarna pieprzu syczuańskiego i anyżu gwiazdkowatego (prażone i przesiane przez młynek do przypraw), z mielonymi goździkami, mielonym cynamonem i mielonymi nasionami kopru włoskiego.

Części 4-6

składniki

1 kg cienkiej marchewki, obranej i przekrojonej wzdłuż na ćwiartki

4 łyżki wody

4 łyżki oliwy z oliwek

2 ząbki czosnku, posiekane

2 łyżki octu ryżowego

1/8– 1/4 łyżeczki pieprzu cayenne

1/2– 1 1/2 łyżeczki papryki

1/2-1 łyżeczka chińskiego proszku pięciu przypraw

3 łyżki posiekanej kolendry

Sól i pieprz do smaku

1. Umieść marchewki na patelni wystarczająco dużej, aby wygodnie je pomieścić. Marchew zalać wodą i zagotować na dużym ogniu. Odcedź marchewki i włóż je z powrotem na patelnię.

2. Dodaj 4 łyżki wody, oliwę z oliwek i czosnek; doprowadzić do wrzenia, zmniejszyć ogień i gotować do miękkości. Przeciek.

3. W małej misce wymieszaj pozostałe składniki; wylewa się na marchewki, podrzuca i obraca do panierowania.

4. Doprawić do smaku solą i pieprzem.

5. Marchew można zjeść od razu, ale po kilku godzinach marynowania nabierze bogatszego smaku.

Guacamole w stylu tajskim

Weź tradycyjną meksykańską kąpiel, dodaj imbir i uzyskasz azjatycki akcent. Podawaj ze smażonymi wontonami, aby dopełnić motyw Dalekiego Wschodu.

Na 2 filiżanki

składniki

2 dojrzałe awokado, wypestkowane i posiekane

4 łyżeczki soku z cytryny

1 duży pomidor śliwkowy, wypestkowany i posiekany

1 łyżka cebuli, posiekanej

1 mały ząbek czosnku, posiekany

1 łyżeczka startej skórki limonki

1 łyżeczka startego korzenia imbiru

1 łyżeczka posiekanego chili serrano lub jalapeño

1–2 łyżki posiekanej kolendry

Sól i świeżo zmielony czarny pieprz do smaku

1. Umieść awokado w średniej wielkości misce. Dodaj sok z cytryny i grubo zmiksuj.

2. Dodać pozostałe składniki i delikatnie wymieszać.

3. Podawane jest za 2 godziny.

Sałatka z kurczakiem po tajsku

Kapusta pekińska (lub pekińska) ma delikatniejsze liście i smak w ustach niż tradycyjna kapusta czerwona lub zielona. W razie potrzeby możesz zastąpić go drugim, ale pamiętaj, aby drobno go posiekać i spodziewać się cięższej sałatki.

Nosisz 4

składniki

Jako sos:

¼ szklanka oleju roślinnego

2 łyżki octu winno-ryżowego

1 łyżka sosu sojowego

2 łyżeczki startego korzenia imbiru

Szczypta cukru

¼ łyżeczka (lub do smaku) soli

Na sałatkę:

2 szklanki gotowanego, posiekanego kurczaka

4 uncje groszku śnieżnego, posiekanego

3 zielone cebule, pokrojone i pokrojone w plasterki

1 szklanka kiełków fasoli

1 średnia główka kapusty pekińskiej, poszatkowana

1 łyżka prażonych nasion sezamu

1. Składniki sosu sałatkowego umieść w małej misce i energicznie wymieszaj, aż się połączą.

2. W średniej misce połącz kurczaka, groszek śnieżny, zieloną cebulę i kiełki fasoli. Dodaj dressing i wymieszaj.

3. Przed podaniem ułóż kapustę na półmisku. Sałatkę z kurczakiem połóż na kapuście. Udekoruj nasionami sezamu.

www.ingramcontent.com/pod-product-compliance
Lightning Source LLC
Chambersburg PA
CBHW071905110526
44591CB00011B/1553